U0561890

投资原来如此有趣

人人能懂的股票教科书

転換の時代を
生きぬく
投資の教科書

[日]
后藤达也
著

宋刚
译

机械工业出版社
CHINA MACHINE PRESS

图书在版编目（CIP）数据

投资原来如此有趣：人人能懂的股票教科书 /（日）后藤达也著；宋刚译. -- 北京：机械工业出版社，2025. 5. -- ISBN 978-7-111-78280-3

I. F830.91-49

中国国家版本馆 CIP 数据核字第 202550YW36 号

机械工业出版社（北京市百万庄大街 22 号　邮政编码 100037）

策划编辑：顾　煦　　责任编辑：顾　煦　章承林

责任校对：杜丹丹　李可意　景　飞　　责任印制：单爱军

保定市中画美凯印刷有限公司印刷

2025 年 6 月第 1 版第 1 次印刷

147mm × 210mm · 10.625 印张 · 1 插页 · 165 千字

标准书号：ISBN 978-7-111-78280-3

定价：79.00 元

电话服务

客服电话：010-88361066

010-88379833

010-68326294

网络服务

机　工　官　网：www.cmpbook.com

机　工　官　博：weibo.com/cmp1952

金　　书　　网：www.golden-book.com

机工教育服务网：www.cmpedu.com

前言

我不太喜欢读前言很长的书。

如果一本书一开始没有想读，那么在前言读到一半的时候注意力就分散了。因此，我会尝试将对本书的看法凝聚在三页纸的前言中。

“我每月攒下 1 万日元用来投资。”

“我现在只需要买标普 500 指数[㊀]，对吗？”

最近几年，诸如此类的声音逐渐增多。

其中有 20 岁左右的人，当然 40 多岁到 60 多岁才开始投资的人也不少。在即将迎来的“百岁时代”中，长寿固然是好事，但退休后的生活成本也在不断

㊀ 标普 500 指数（S&P 500），是一个包含美国 500 家大型上市公司股票的指数，代表了美国股市的整体走势。——译者注

增加。

除了人们对资产积累的意识不断提高，过去10年间股市上涨，日元下跌，政府促进投资的措施（如小额投资免税政策）也营造了良好条件，以前“按兵不动”的人开始投资。然而，也有很多人因为不知道从何入手、惧怕学习有难度，或者担心被金融机构利用并收取佣金，而迟迟不敢开始投资。

本书旨在以通俗易懂的语言、不偏不倚的方式，为不曾投资的人进行指导。入门的门槛很低，不需要花费大量的资金和时间。

投资收获的，不仅仅是金钱。

股价是一面镜子，不仅反映经济形势和企业状况，还反映政治、国际事务、货币政策、科技、自然现象乃至年轻人价值观的变化。以前不曾关注的新闻，在开始投资后也逐渐与自己有了关联。于是投资者将自己的资金委托给公司和国家，将全球经济活动视为自己的事业，并积极参与其中。在这一过程中提高想象能力、思考能力和风险意识，是在剧烈变革的社会中生存所必需的技能。

当投资者相互交谈时，他们显得十分热情和快乐。这不仅因为赚到了钱，还因为投资世界是“有趣的”。

本书经历了一个不同寻常的编辑过程，包括我的note（收费文章发布平台）会员在内的数万人浏览了书稿的部分内容，本书根据他们的反馈意见进行了修改。

本书是一本前所未有的、从读者角度出发的“投资教科书”。

那么，让我们一起走进投资的世界吧。

目录

第一章 投资已经不可或缺的时代

对日本股票的印象已经发生改变

先讲讲我个人的故事。

2004 年我大学毕业，进入日本经济新闻社工作。2003 年，在我找工作的时候，日经平均指数（日经 225 指数）跌到了泡沫经济以来的最低点（见图 1-1），日本经济的停滞感日益加剧。

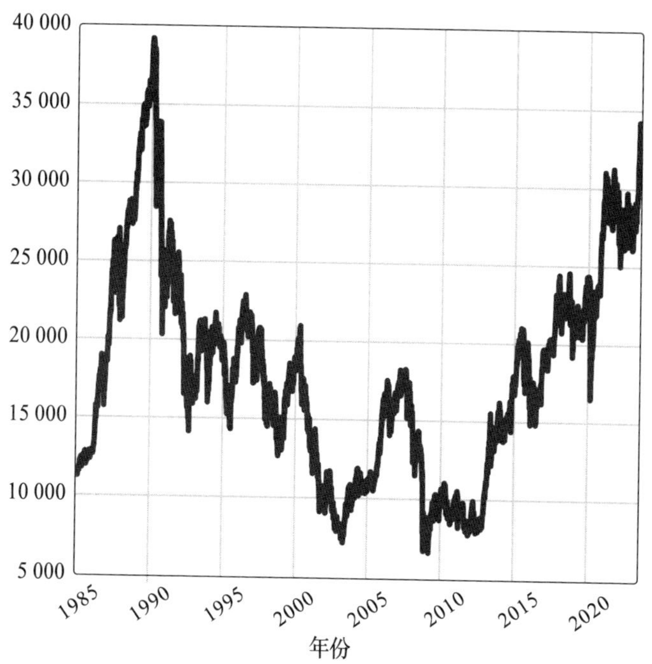

图 1-1　日经平均指数呈现历史性上升态势

经济泡沫破灭时，我还在上小学。也就是说，从我开始关注新闻直到工作的这段时间，日本的经济和股票价格一直都是停滞不前的。那时候，很多人认为“股票只要买了就会赔钱”，或者“将来也不会大幅上涨”，因而即便股价持续下跌，人们也束手无策。

那么 20 岁左右即将步入职场的年轻人是怎么想的呢？这一代人大约 10 岁时，“安倍经济学”开始对股市产生影响。从那时起，虽有一些波动，但股市一直稳步上升，下跌的印象已经淡化。我在 20 岁时目睹的光景，现在的年轻一代应该不会看到了。

人们说，股票投资要在公众中普及，最重要的是股价上涨。十多年来，这一环境已然形成，在证券公司开户的二三十岁的人也越来越多。

到 2023 年，日经平均指数升至 33 000 点，1989 年年底创下的历史最高收盘价（38 915 点）也指日可待。股市上涨的原因如图 1-2 所示。简而言之，基于对日本经济停滞局面即将改变的预期，购买股票的势头日益高涨。

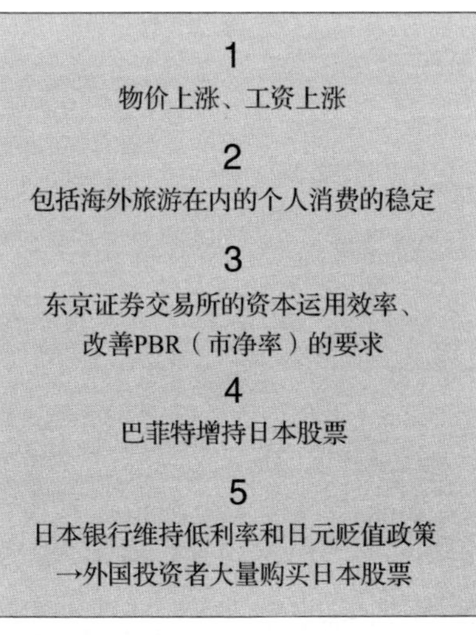

图 1-2 日本股市为什么上涨

与此同时，从2024年开始将扩大小额投资免税制度——NISA（日本个人储蓄账户）。

在证券行业，可以毫不夸张地说，能听到这样的声音：过去几年民众的资产积累意识空前高涨。正在阅读本书的你多少应该可以感受到这种氛围。本书无意盲目地抬高股市或推荐极端投资。本章旨在帮助那些对投资稍有兴趣的人，让他们以一种轻松、健康和愉快的方式进入投资世界。

iPhone 动摇的公众意识

前文提到，日本股市的上涨是一个重大变化，但一个更熟悉的事件，即“iPhone 涨价”，这一事件正在撼动着公众的投资意识。我经常在大学和中学谈论“金钱”的话题，而他们最感兴趣的就是 iPhone 涨价的问题。

iPhone 14 于 2022 年秋季上市，与一年前的 iPhone 13 相比，iPhone 14 在日本的价格大幅上涨。事实上，在美国，iPhone 13 和 iPhone 14 的配置差不多，价格也没有多大变化。但日元贬值和美元升值直接影响了 iPhone 在日本市场的价格（见图 1-3 和图 1-4）。

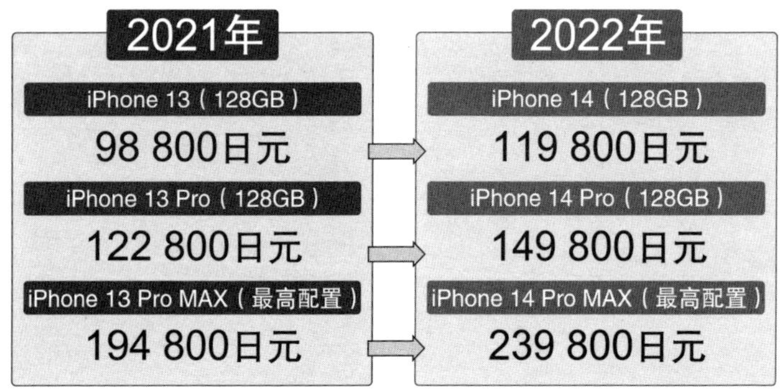

图 1-3　日元贬值导致 iPhone 在日本发生价格变动

注：含税价格。iPhone 13 发布时的价格。只有 iPhone Pro Max 的最高配置为 1TB。

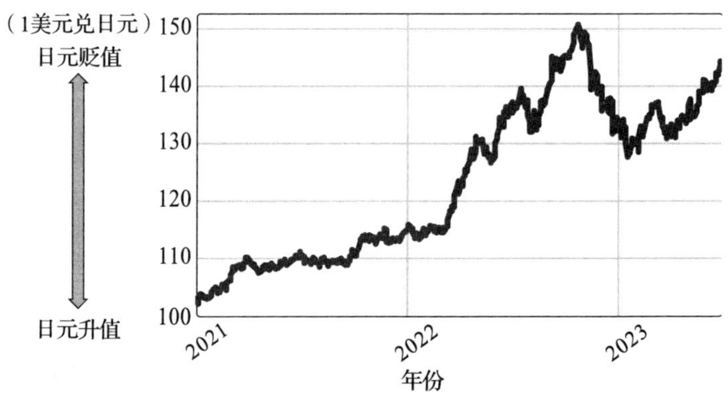

图 1-4　美元兑日元汇率

资料来源：作者根据苹果公司公开发布的资料制成。

2021 年年底美元兑日元汇率在 110 左右，而现在一度突破 150 大关，这意味着购买 1 000 美元的商品所需的金额从 11 万日元变成了 15 万日元。

因此，10 万日元以上的智能手机已成为常态，20 万日元的也不再稀奇。

即使银行里存有 10 万日元，一年后也不一定能买到现在 10 万日元能买到的东西了。这就是我们正在经历的时代。

即便 10 张 1 万日元纸币本身的物质属性保持不变，但其实质价值，即 10 万日元能买到的东西，正在减少。

如果很少发生物价上涨的情况，那么将大部分资产存在银行是没有问题的，但现在的情况已不再如此。俗话说“现金为王”，但在通货膨胀的世界里，现金并不是王道。

我们知道，iPhone 并不是唯一涨价的东西。日清食品的杯面、卡乐比薯片、丘比蛋黄酱等主流产品都接连涨价，麦当劳也在这一年中多次提价。

涨价最明显的是能源和食品，比如电费。这两类产品都高度依赖从海外进口，随着日元贬值，进口成本急剧上升。但能源和食品又都是生活必需品，因此不存在“太贵就不买了”这一选项。

食品的成本不仅是食材，包装材料也高度依赖进口，运输所需的汽油以及经营和生产所产生的电费也受到日元贬值的影响。

可能在很长一段时间内，生活必需品仍将面临价格上涨的风险。

投资能够作为缓和日元贬值冲击的预防举措。

通货膨胀期间，股票价格往往会上涨，如果你持有外币资产的话，日元贬值时你的资产的价值将会增加。

相反，如果日元资产只存放在银行存款是有风险的。正如前文所说，存款容易受到日元贬值和通货膨胀的影响，因此我们必须有意识地关注这一点。如果你投资了外国股票，日元贬值时换算为日元的估值就会增加。如果你投资外汇或股票，在日元贬值或通货膨胀的情况下，它们可以起到保险的作用。投资不仅可以有效增加资产，还可以防止资产减少。

有些人可能对投资望而却步，说："我又不想赚大钱……"

然而，投资是值得考虑的，它不仅是为了赚钱，更是为了保护你未来的生活。如果从"防御"而非"进攻"的角度重新考虑投资的意义，你可能会改变对投资的看法。

当然，股票和汇率的走势有时会出乎意料，你也可能面临亏损。但是，如果不持有任何股票或外汇资产，你对日元贬值或升值的抵抗力将会减弱。现在越来越多的人已经开始意识到将部分资产转移到股票和海外资产的重要性。

迪士尼乐园也受日元贬值和通货膨胀的影响

2023 年 10 月，东京迪士尼乐园的成人门票价格首次突破 1 万日元（见图 1-5）。在周六和其他高峰期，价格提高到了 10 900 日元，中学生的价格也提高至 9 000 日元。如果带着一家老小在迪士尼乐园里用餐并购买纪念品的话，花费很容易超过 5 万日元。

这也是受到了日元贬值的影响。

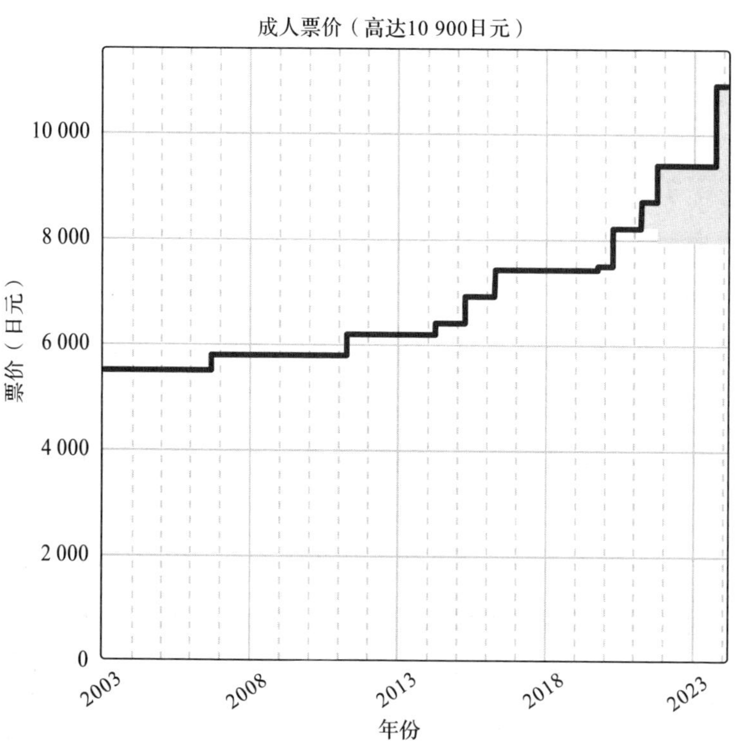

图 1-5　迪士尼乐园的成人票价最终突破 1 万日元大关

资料来源：根据 Oriental Land（东京迪士尼的母公司）的公开资料整理而成。2021 年之后为变动价格，节假日票价较高。

对于美国游客来说，2022—2023 年日元对美元贬值了 30% 以上，因此即使以日元计算的门票价格上涨了 10% ～ 20%，以美元换算过来的费用也会比几年前低。

“超过 1 万日元”给日本人带来了不小的冲击，但对外国人影响不大。高档酒店和餐馆生意很兴隆，但价格上涨的压力越来越大。

另一家引起媒体关注的是东京宝格丽酒店，该酒店于2023年4月在东京站附近开业，即使是最便宜的客房，平日每晚的价格也在20万日元左右，周末则超过30万日元。

尽管工资增长势头强劲，但休闲娱乐行业价格上涨的势头超过了工资。

对于日本的中低收入阶层来说，“小奢侈”的难度正在增加。

日元贬值导致海外旅行的价格上涨，所以选择在国内旅行的日本游客增加。同时在外国游客数量急剧增加和日元贬值的双重影响下，日本国内旅游的价格也在上涨。即使不出国旅游或购买外国产品，人们的生活成本也不可能不受日元贬值的影响。

日元贬值增加了外国游客的数量，助力了旅游业的发展，这对日本经济是有利的。但是，如果仅是部分旅游业得到了发展，而日本人民却更难享受休闲娱乐活动，那么就很难评价日元贬值是否对整个日本社会有利了。

“百岁时代”的“2 000万日元问题”

日本人的寿命越来越长。不仅寿命在延长，而且很多人觉得30年前70岁的人和现在70岁的人在外表和活力程度上也有所不同。

现在经常听到“百岁时代”一词。人到晚年身体健康固然是好事，但是，如果一直健康长寿，那么这一生所需的资金也会增加。因此还有一个词叫“长寿风险”，意思是人们会面临退休资金见底的问题。

最理想的情况是我们到了 70 岁或 80 岁时还能工作赚钱，但现实并非总能如人所愿。即使在 60 岁或 65 岁退休之后，我们也需要有足够的积蓄来维持生活。

日本金融厅 2019 年发布的报告《2 000 万日元问题》引起了广泛关注。该报告以无业家庭中的一对普通老年夫妇为基础进行估算，结果显示 30 年内所需的金额不低于 2 000 万日元。

报告一经发表，对于“2 000 万日元”这一不菲数字，舆论纷纷批评，“不可能准备这么多钱”“养老金都去哪里了”。对此政府不得不紧急进行解释和说明。

政府在估算方法和宣传方式等方面可能欠缺周密的考虑，但讽刺的是，随着这场风波的扩大，公众确确实实地意识到了充足的退休资金的重要性。

当我们采访那些 20 多岁就开始投资股票的年轻人时，经常会听到他们说：这是在为退休做准备。

投资股票自然有亏损的风险，但人们普遍认为：如果将这一时间跨度延伸至几十年之久，那么获利的可能性还是很大的。

即使是年轻人也将“长寿风险”纳入了考虑范围，在这个变革的时代，恐怕很少有人能夸下海口说自己在 60 岁之后还能继续工作并获得稳定的收入。这些实际的结构性问题也推动了公众投资意识的提高。

从年轻时开始积累的投资经验是终生积累资产的利器

在日本，到了退休年龄突然开始投资的人不在少数。其中大部分都是在拿到一大笔退休金后，就按照银行职员的推荐购买投资信托基金。

当然，银行职员推荐的投资信托并非都是不好的，他们也会详细说明其中的风险和成本。

但是，如果你没有投资经验，那么无论听取了多少关于风险和成本的说明，都很难判断哪些是真正适合自己的投资产品，在何种情况下大概会损失多少钱。如果没有实际的投资经验，就很难有切身感受，并且对手续费的认识往往也不足。

有些投资信托在购买时不收取任何手续费，而有些则收取百分之几的手续费。例如，即使手续费仅为3%，那么价值1 000万日元的投资信托基金的手续费将高达30万日元。这种差别不能用“在哪里买都没什么区别”一句简简单单的话来搪塞。

如果你很早就开始投资，即使投入的金额很小，也可以培养风险感知和成本意识。到四五十岁时，即便积累了一笔可观的投资资金，一个没有投资经验的人和一个有20年投资经验的人还是有很大差别的。

即使金额很小，但如果你从年轻时就长期接触投资的世界，随着年龄的增长，资产逐渐增加，你就更容易做出正确的投资决策。

即使你现在还年轻，银行里没有多少钱，但随着年龄的增长，你会有更多机会处理资产积累的问题。在这种情况下，越早学习，收获越多。

今后就是“百岁时代”了。老年时期将比以往任何时期都长，能够消费的年龄也会更长。但是，60 岁以后想获得稳定的高收入并不容易。

投资也与人生规划密切相关。将来需要多少资产，未来如何承担风险并获得投资与消费的平衡？尽早考虑到这一点将有助于你的人生规划更加扎实。

投资的意义不仅仅在于增加财富

当然，对投资犹豫不决的大有人在。我们最常听到的原因是没有足够的积蓄来投资。

的确如此，如果你还年轻，每月攒 1 万日元可能并不容易。即使一年投资 10 万日元，获利 20%，也不过是 2 万日元，即便将其作为零用钱，也无法成为未来育儿或养老的资金。而如果投资，其手续和学习相关知识又好像很麻烦，如果投资失败，还会血本无归。有上百万人甚至上千万人都会这样想：“既然如此，那我就先把钱存在银行里吧。”就这样日子一天天过去了。

尽管如此，我相信投资对每个人来说都是有意义的。可以毫不夸张地说，了解投资世界是我们在未来社会中不可或缺的一种素养和直觉。

从投资中获得的不仅仅是“财富的增加”。

开始投资后，你对经济和企业新闻以及政治、社会、科技、外国、自然灾害等一切事物的兴趣都会大大增加。

新冠疫情、乌克兰局势、人工智能和低碳化都与股价的形成密切相关。

如果对股价涨跌的原因有所了解，哪怕只是一点点，你就能将所有新闻牢记于心，然后各种事件将会相互关联。俗话说，“如果大风吹起来，木桶店就会赚钱”，总有意想不到的事情发生。比如新冠疫情暴发后，iPhone的价格就上涨了。

这种一环扣一环的想法不仅有趣，还能为你培养直接有效的素养和直觉。它可以用在日常工作或者跳槽中，对学生来说还可以在求职过程中发挥很大的作用。

开始投资时也不需要做太多准备工作。

就像开始学习一点英语、关注一下自己的健康那样轻松随意。并非所有参加英语会话课程的人都想立即用英语赚钱或到国外生活，他们只是抱着今后说不定会有用的想法提前接触一下而已。你可以先试着说一点英语，然后逐渐增加它的趣味性和难度，变得熟练起来。如果感到不适应也可以随时终止。

投资也是相似的。

重要的是不要抱着“月入 10 万日元”或“资产翻番”之类的雄心壮志。而是要乐观一点，比如“在 10 年或 20 年的长时间段里稳步积累资产”，或者“培养对工作和生活都有用的基本素质，掌握与经济相关的知识和直觉”等。

虽然小钱难以赚大钱，但股价暴跌时也能将损失降到最低。

其实亲身经历股价暴跌还是可以学到更多东西的。不仅可以了解股价的变动机制，还可以了解到当持有的资产大幅缩水时，自己是如何做出反应的，什么样的投资能最大限度地减少损失。工作也同样如此，从失败中可以学到很多东西。

在投资领域不可能百战不败。从年轻时就经历的失败能够将承受和应对风险的平衡不断磨砺并内化于心。对投资意义的总结，可参见图 1-6。

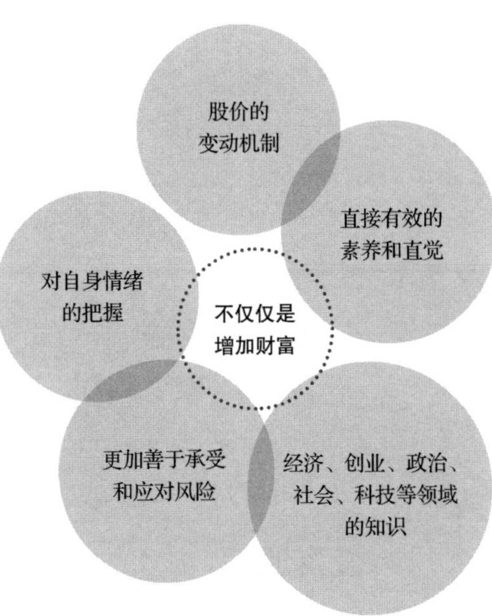
股价的
变动机制
直接有效的
素养和直觉
对自身情绪
的把握
不仅仅是
增加财富
更加善于承受
和应对风险
经济、创业、政治、
社会、科技等领域
的知识

图 1-6　投资的意义

我为什么开始投资股票

尽管刚刚阐述了投资的意义，但我自己刚开始投资时，并没有意识到这些宏大的东西。

一切都源于大学一年级时，我偶然听到了 Monex 证券公司创始人松本大的讲座。松本先生曾在美国投资银行高盛集团（GS）工作，升职速度极快。然而，20 世纪 90 年代末互联网兴起时，他离开了高盛，成立了一家在线证券交易公司。

据说，如果松本先生在高盛集团再工作半年左右，他就可以通过首次公开募股（IPO）赚取数十亿日元。然而他认为，如果等待上市，就会错过互联网迅速扩张的浪潮。因此他放弃了数十亿日元的收入，开始了自己的创业之路。

当时还是大学生的我觉得他实在是太厉害了。那时离 Monex 证券公司 IPO 只有几个月的时间，我决定把当时仅有的 30 万日元左右的积蓄都投到松本先生的挑战中。因此我开立了一个证券账户，购买了 Monex 证券公司的股票，这是我有生以来第一次投资股票。

起初，我连股票的基本术语都不懂，甚至不知道股票价格是如何确定的，也不知道如何交易股票，就这样走进了投资的世界。

没有读过任何关于股票的入门书籍，也没有在互联网上做足够研究的我，就这样敲开了投资的大门。这似乎有些鲁莽。

即便如此，我还是认为先尝试一下是一个不错的选择。

体育运动也是如此。如果仅从书本或视频中学习如何打棒球或网球，却从未亲身实践过，那么几乎是学不到任何东西的。所以，即便立下投资的决心，如果是从一本厚厚的教科书开始学习，效率也会很低，并且很难坚持下去。

那么，我的第一次投资是怎样的呢？可能是初学者的运气好，我大赚了一笔。我持有6股Monex证券公司的股票，它以45 000日元的价格上市，上市后股价立即翻了一番多，我几天就赚了几十万日元。

对于一个大学生来说，几十万日元的收益是一笔巨大的财富，我立刻被这个世界吸引住了。但这并不是说我狂热地想赚钱，而是我想知道："价格为什么会上涨这么多？""是否会继续上涨？""这样的暴涨是常态还是只是运气使然？"这些单纯的问题不断浮现，然后我开始用自己的方式一一寻找答案。

也可能是因为我正在拿自己的财产进行实践，所以学习的意愿也不断高涨。

在这个过程中，我积累了很多信息。我对当时的关键词"IT"（信息技术）和"不良债权"的理解也有所进步，以前分散的知识逐渐产生了关联。

当时，我是一名经济学学生。

当然，在大学课堂上学到的理论和历史知识也很重要，但我更着迷于股票市场中上演的剧情。

市场是一个舞台，来自世界各地的智慧和金钱在这里上演拉锯战，公司、经济、政治和国际形势交织在一起。在这里，“比小说更离奇”的事层出不穷，激发着许多人的求知欲。

所以，我进入投资行业的初衷不是“我要创造财富”“我要接受商业教育”，而是“松本先生太棒了”这样的一时冲动。

因此当我踏入投资的世界后，就被其中的趣味和深奥折服了。

思考投资方向是一种模拟经营体验

大学时期，我主要进行日本的个股交易。我曾交易过丰田这样的出口企业、软银这样的 IT 相关公司，甚至当时被认为“没有必要”交易的综合贸易公司、面临不良债权问题的银行、零售企业以及其他数不胜数的股票我都有所涉猎。

影响股价的因素有很多，但最重要的是“未来能获得多少收益”。

当然，即使是首席执行官也不知道公司未来到底能赚多少钱，也有可能发生意料之外的危机。但即使在这种情况下，通过密切关注公司的品牌、发展能力、客户情况、竞争对手动向等因素，也可以决定是否要将资金投资给这家公司，然后购买其股票。

我来举个例子。一家便利店的销售额和利润并不完全取决于同周边商店的竞争。

如果新冠疫情暴发，外出就餐的人数大幅减少，那么就会有更多的人从超市购买食品，自己在家做饭。如果俄乌冲突导致谷物价格上涨，那么面包和杯面的购买价格就会飙升。如果劳动力短缺问题加剧，那么临时工和兼职员工的时薪就必须增加。如果经济整体低迷，那么企业将很难有所作为。因此影响企业经营的因素是多种多样的。

股价对环境的变化非常敏感。当然，我们不可能准确预测新冠疫情蔓延或俄乌冲突时，便利店未来的销售额会发生什么变化。但是，股价的变化基于一种大致的预期，即发生的事件大概会产生多大程度的影响，因此通过观察股价可以了解“世界的预期”。

观察股票价格的走势，可以了解到正在发生的事件对经济产生的影响，长此以往，你就可以将经济的运行机制看作实时上演的戏剧。因此在选择投资方向时，思考股票发展前景本身就是对社会动向的一种考察（见图 1-7）。

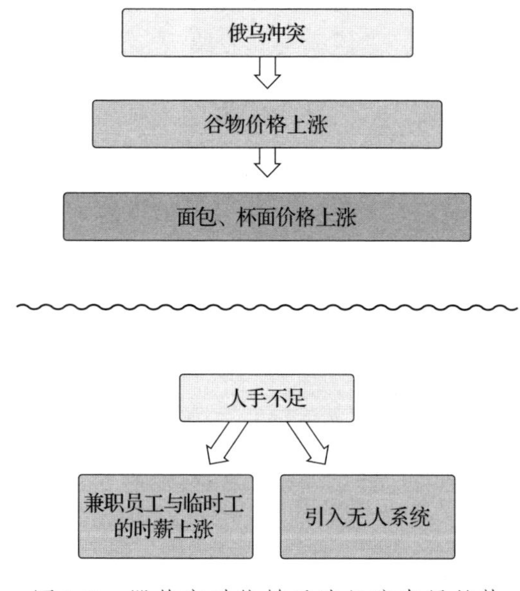

图 1-7 股价变动能够反映经济发展趋势

仅考虑公司的产品是不可行的。如上所述，疫情和冲突也会对股价产生重大影响。政治局势、气候变化、年轻人价值观的变化等各种事情都与股价有所关联。

如果按照预期，股价上涨，那么皆大欢喜。但如果偏离了预期，股价下跌，你也可以学到很多东西。可能是发生了自然灾害那样无法预测的环境变化，也可能是顾客内心真正的诉求超出了你的考虑范围，还有可能是竞争对手公司推出了突破性的服务和产品。

这不是由某个人创造的简单的经营游戏，而是在瞬息万变的现实世界中进行的模拟经营体验。

听起来这是一个难以想象的世界，但是当你真正开始投资并将各种问题联系起来时，看待世界的方式就会改变，求知欲也会随之拓宽。你的资金就会变成社会的资本不断流转，企业利用资本开展经济活动。与银行存款不同，你可以自己选择投资对象，参与世界经济活动。

┆专栏┆ “9·11”事件发生时我曾持有股票

2001年9月11日，两架飞机撞向纽约世界贸易中心，这就是历史上著名的美国“9·11”恐怖袭击事件。

纽约时间的早晨，也就是日本时间的夜晚，纽约证券交易所采取了非常态的措施，停止了股票交易，四个工作日后，即9月17日交易恢复。

9月12日，东京证券交易所将交易开始时间推迟了30分钟。

此外还将涨跌幅进行限制，即最高限价和最低限价减半，以缓解混乱的局面。

股票遭遇全面抛售，股价出现惊人的暴跌，日经平均指数中几乎所有股票都跌至涨跌幅限制的最低限价，即跌停。日经平均指数下跌了682点（6.63%），报收于9 610点，17年来首次跌破1万点（见图1-8）。

当时，我也持有日本的股票。

这已经是20多年前的事了，具体的股票名称已经记不太清楚，可能有四五只，其中就有丰田。

这种情况简直前所未有。除此之外，美国股市也暂停交易，我当时还不知道这会对经济和投资者情绪造成多大冲击。

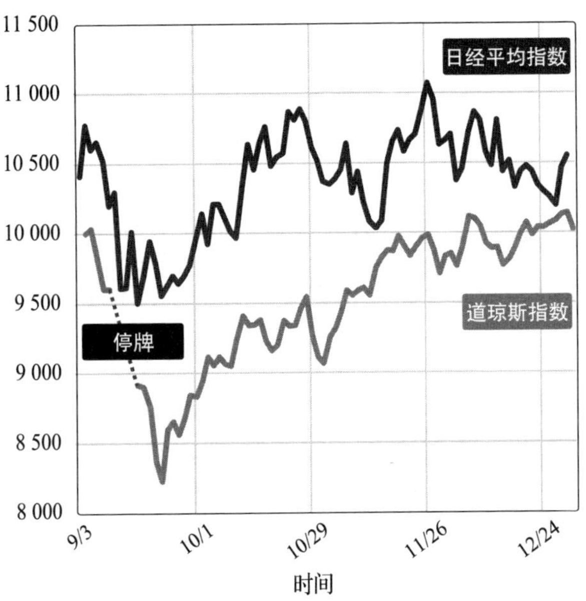

图 1-8 “9 · 11”事件前后的日经平均指数和道琼斯指数

只记得当时我别无选择，只能卖掉股票。于是我从早上就开始抛售股票，其中一些股票也被成功交易了。

虽然不记得股票的细节和当时损失的金额了，但我仍然记得当时的感受。

恐怖袭击是不可预测的，与丰田管理层毫无关联的外部环境打击也会导致股价暴跌，这真是一次极具冲击性的经历。

那时我才开始炒股一年左右，但这次经历也让我意识到股市中没有稳赚不赔的买卖。

不过现在回想起来，那已经是2001年股市的低位了。

美国国民“不向恐怖主义屈服”的决心使得经济时来运转，消费恢复，加上强有力的财政刺激和货币宽松政策的支持，人们对经济低迷的担忧很快烟消云散。道琼斯指数在恢复交易后虽然大幅下跌，但在2001年年底上涨，恢复到了恐怖袭击之前的水平。

其实这也与疫情冲击导致的股价变动有一定相似之处。

尽管发生了“危机”，但这并不意味着股价会持续下跌。

如同“不向恐怖主义屈服”的国民所创造的机会一样，危机也可以创造新的生机。这也是我从2001年的经历中学到的。

有些人可能会说，从恐怖袭击甚至战争的角度来考虑投资是不谨慎的。的确如此，我本人在面对战争或灾难时期传播的投资信息时会非常谨慎。

然而，我认为，在那样非常态的时刻更需要“冷静的头脑和温暖的心”。不论是商业经营还是日常生活，抑制情绪化、冷静地分析对社会和经济的影响都非常重要。

我认为投资可以强化这种观点。

投资是一个充满不确定性和残酷竞争的世界

股市被称为“汇集全世界智慧和金钱的舞台”。

股市里有各种各样的参与者，有些人是个人小额投资者，有些人管理着巨额的养老基金，还有些人是使用程序进行超高速交易的专业人员，每个人都想获利。

这不是一个悠闲的地方，几十年前的理论在这里毫无用武之地。

常识被颠覆的瞬间，资金会立刻发生变动。无论是股票价格还是汇率，其所显示的数字都是世界各地的投资者腥风血雨、殊死搏斗的结果。

这些我将在后面的章节中详细说明。例如，经济好转时股价也有可能下跌，战争爆发时股价也有可能上涨。

到昨天为止都还通行的逻辑现在可能完全行不通，这已然是稀松平常的。

投资的世界也是一个不断上演经济戏剧的舞台，而这些戏剧充满了不确定性。

与课堂上学到的经济学理论不同，你要学会如何解读每天发生在眼前的真实事件，以及如何调动你的资金。因为这是一个来自世界各地的投资者竞相角逐的残酷世界。

这对商务人士来说是非常有用的经验。

这是因为我们的许多读者所处的或者即将处于的商业世界是一个如此“真实”的世界。

在各种不确定的条件下，企业都在为了提高利润而拼命努力。几乎不存在轻松获利的商业模式，并且客户趋势和规则可能会突然改变。

这是一个非常残酷的世界，但这就是现实。

股市也是如此，这是一个毫无规则且竞争残酷的世界。股票价格每天都在变动，通过观察这些变动，时不时投入一些资金，就可以迅速了解经济的动态。这种知识储备和直觉也对商务人士的日常工作习惯大有好处。

投资是“技能重塑”，磨砺商务人士的心态

前文说过，投资是“模拟经营体验”，是“残酷竞争的世界”。

说到这里，你可能会想，“我又不是要当企业家，没必要进行模拟经营体验”。然而，面对各种风险做出一系列决定，把握机遇，收获成果，对于任何一位商务人士来说这都是一种必要的心态。

在工作中，你会面临各种各样的任务。

有时会草率且按部就班地执行指令，有时会被要求提出新方案，有时是自己尝试的初步的改良方案。

你甚至可能会提议调动到另一个部门或地区，以获得新的经验。有时还可能考虑换工作或者创业。

与经营一家大公司相比，这些决定可能微不足道。但是不论是管理一家大公司还是提高自己的业务能力，都要面对风险并做出一系列决定，这些事在本质上是一样的。

因此，进行大公司的模拟经营管理意义重大。

例如，即使你是大学生，也可以利用自己的一部分积蓄成为苹果或丰田的股东，从盈利的 iPhone 和雷克萨斯[一]公司中获得股息分红。

如果你投资的公司盈利减少，股价可能会下跌。这是在竞争激烈的世界里不得不面对的冷酷现实。然而俗话说，“失败是成功之母”，如果一项你认为不错的投资没有成功，你可以从中吸取教训，进行反思，并将经验运用到下一次决策中。

投资不仅可以积累资产和扩大知识，也可以看作是磨砺商务人士心态的简单的“技能重塑”。

[一] 丰田旗下著名豪华汽车品牌。——译者注

¦专栏¦什么是风险

风险（risk）在日语中被翻译为“危险”。不过，它与“danger”的“危险”略有不同。特别是在运营和管理的范围内，风险通常指“未来的不确定性”。

例如，结果好于预期的情况被称为“上行风险”[一]，因此意外收益也是一种“风险”。

与其说“冒险”是盲目地跳入一个危险的世界，不如说“冒险”也包含了积极的意义，即虽然事态的发展难以预测，但可能会有意想不到的巨大收益。

美国人一般被认为“热衷于冒险”，比起说他们“喜欢危险的东西”，不如说他们“喜欢变化”。

日本人被认为热衷于稳定，因此为了规避风险，通常认为遵循先例比挑战不确定性更加安全。

投资股票被认为是高风险、高回报的行为。

在美国，约40%的个人金融资产被用于投资股票，而在日本，这一比例仅约为10%，与之相对，日本现金存款的比例占54%（见图1-9）。

日本人对股票投资持谨慎态度的原因有很多，规避风险的民族特性想必也是其中之一。美国人工作变动频

[一] 资产上涨的可能性。——译者注

繁，日本却没有那么多人换工作更是反映出了这一点。

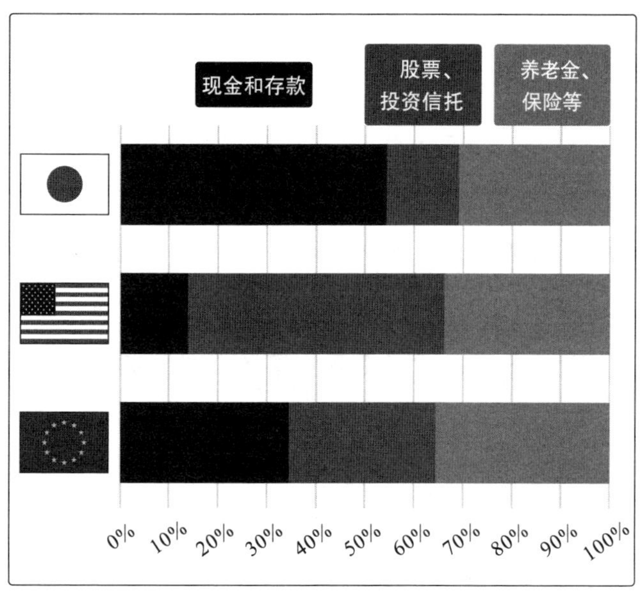

图 1-9　国民的金融资产

资料来源：日本银行 2022 年 3 月。

不过，这种民族特性正在发生变化。

越来越多的人，尤其是 20 多岁的年轻人，开始投资股票。此外，不仅是 20 多岁的人，30 多岁和 40 多岁的人也开始更换工作。

在社会结构无法变动的时代，“规避风险”可能是一种合理的生活方式。

然而，技术进步的速度如此之快，人工智能可能会在几年后改变“工作”的形态。在这样一个时代，如果只会草率地处理被分配的任务，就可能被社会抛下。

在转型时期，承担风险和接受挑战能收获的成果会更大。相反，如果因为害怕失败而继续维持现状，则要承担损失。

我觉得，年轻人开始换工作，开始投资股票，是因为他们的价值判断开始从“规避风险”向“接受变化，付诸行动”转换了。这也是同物价和工资增长的动态变化相关联的一个重要主题，后面将对此进行解释。

投资如何与社会关联并做出贡献

到目前为止，我们已经谈到了投资如何使人受益。

现在，我将向大家介绍投资对社会的好处。

近年来，“贡献社会”这一价值观越来越受到年轻人的重视。那么，我们就从金融在社会中的作用谈起。

很多人觉得“金融”这个词很冰冷，从文字本身来看确实有些生硬，要是被问到这个词是什么意思，一时可能会难以阐明。

但其实很简单："资金融通"的"金"和"融"就组成了"金融"二字。

世界上有两种人，一种是钱多的人，另一种是缺钱的人。

虽然钱多的人可以把钱放在家里，但这样并不会产生利息。相反，将多余的钱借给缺钱的人对他们来说不失为一种资金有效利用的经济活动。

以我们最熟悉的银行存款举例，现在的存款利息几乎为零，所以你可能会认为这和把钱放家里没什么区别。但事实上，这也是一种非常重要的金融活动。

截至2023年9月，日本的家庭存款总额约为1 000万亿日元。即使每笔存款的金额很小，但所有存款加在一起仍是一笔不小的数目，而银行将这些钱作为抵押贷款发放给企业和个人。

换句话说，有多余资金的人（即不打算立即花掉这些钱的人）把钱存入银行，银行再把钱贷给现在想花但没有足够资金的人。

这就诞生了放置家中的储蓄无法带来的资金流，而银行充当了中介的角色，这就是为什么银行被称为"金融机构"。

如果没有这种“金融”，会发生什么呢？

很少有人能用现金全款买下房子。因此，如果没有足够的积蓄，也没有金融这种基础设施，那么大部分人就只能租房住。公司也必须赚取足够的利润，才能进入下一阶段的业务发展。因此，创办一家小公司极其困难。

正是因为有了金融，这些经济活动才得以顺利进行，才能促进新的就业和企业发展。

资金就是经济活动的“血液”。

如果人体血液循环不畅，就会出现健康问题。如果身体的某个部位出现问题，那么其他部位很难不受到波及。反之，如果大量血液循环到正在剧烈运动的肌肉，身体就会变得更加健康和强壮。货币与经济之间的关系也类似。

下一节，我们将探讨股票投资如何为社会做出贡献，并解释银行存贷款与股票投资之间的区别。

银行存贷款与股票投资的区别

银行存款和股票投资都属于“金融”范畴。这是一种推动经济活动的机制，使资金从有盈余的地方流向短缺的地方。

但是，银行贷款被称为“间接”金融，而股票投资被称为“直接”金融（见图 1-10）。

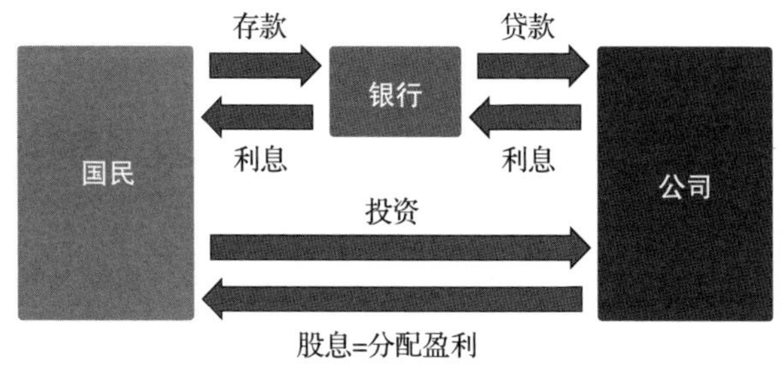

图 1-10　银行存贷款与股票投资

银行利用国民的存款给公司发放贷款，或者以抵押贷款的形式为个人提供房贷。然而，储户并不知道银行把钱贷给了谁，更无法因为“A 公司好”“B 公司不好”而提出要求。

反之，在股票投资中，你可以自己做出选择，比如“我要买丰田公司的股票”。

因此，银行（业务）被称为“间接金融”，股票投资被称为“直接金融”。两者都在社会中发挥着重要作用，但在选择要贷款和要投资的公司时，两者关注的重点略有不同（见图 1-11）。

银行更注重“安全性”，而不是“成长性”。

这是因为银行的资金来源是大众的存款，因此，如果向银行贷款的公司发展停滞不前，导致贷款无法及时归还，那么银行就会陷入困境。换句话说，在贷款时，银行首先要考虑的是公司能否偿还贷款。此外还需要担保，因为银行投资的本金是国民的存款，如果无法收回本金，经营的根基就会被动摇。

	便利性（支款、存款……）	安全性（不会减少）	盈利性（增加）
银行存款	◎	◎	×
股票投资	○	△	○

图 1-11 银行存款和股票投资的差异

此外，股票更注重“成长性”，而不是“安全性”。

当然，股票投资者也希望投资的公司不会破产。但是，股东可以通过分红的形式分享公司成功的大部分成果。即使会有失败的风险，但如果是一个有蓬勃发展前景的商业想法，他们也会毅然决然地给予支持。

让我们站在公司的角度考虑一下。

例如，如果一家公司有很好的想法或技术，并具有挑战精神，但是无法保证能顺利发展。对于这家公司来说，股票投资这种直接融资方式更适合筹集资金。

在美国，不仅民众对上市公司的股票投资更为活跃，而且有钱人还会投资小型初创企业，风险资金也更容易流动。有钱人拿着钱去冒险投资，创业者拿着钱去冒险尝试做生意。

当然也有失败的时候，股东也会亏损。然而正是这样的土壤才培育出了各种各样的创新成果。

这也是政府采取措施促进投资的原因之一。

换句话说，“民众的资产积累”固然重要，但风险资金在经济中的良性流动对“助推企业创新”同样重要。

迄今为止，日本一直偏重于间接金融，但现在民众对股票的投资逐渐增加。越来越多的人不仅认真审视公司的增长潜力，还关注去碳化和多元化举措。这种趋势可能会推动企业管理者的意识变革，以及盘活整体经济。

变革时期的投资

接下来是对第一章的总结。

首先，为什么日本股票投资的势头越来越强？

这主要是因为人们对股票投资的印象因股票价格持续上涨而“改善”，此外，随着日元贬值和通货膨胀，投资已经是每个人迫在眉睫的需求。在这个“百岁时代”，如果资产管理不当，养老基金也会出现严重的结构性枯竭问题。

此外，政府正在通过 NISA 等计划促进投资。并且随着越来越多的人开始投资，共同体意识较强的日本人也会整体行动起来，这也是其中一个原因。

投资也有其自身的意义。

这不仅体现在资产的积累上，更体现在我们对全球各种新闻的关注度的提升上。这种能力是现代社会中不可或缺的素养。

模拟体验企业的经营，增加面对风险和成本的经验，增强商务人士所需的直觉和行动力。同时，提供风险资金，还具有参与社会和贡献社会的意义。

国际形势喜忧参半，通货膨胀的严重程度前所未有，人工智能的飞速发展正在极大地改变我们的工作和生活方式。

如何在转型时代生存下去，投资扮演着重要角色。

第一章概述了以上“投资”的状况。

第二章将重点介绍股票。从基础知识开始重新学习，比如股票是什么、股票价格为什么会变动。同时我们也会深入探讨近期的话题，以加深你的理解。

第二章 股票、公司、决算……从源头重新考虑

什么是股票

看到这里，可能有人会想："竟然要从这一步开始吗？"

想要进行投资，很重要的一点就是从"什么是股票"的概念开始入门。更重要的是，即使不投资，这也是商务人士必备的素养。希望本章能让初学者读起来通俗易懂，让有投资经验的人温故知新，增加学识。

创办一家公司，资金是必不可少的。资金主要分为两种：债务和股份。债务指的是向银行或熟人借钱，需要支付利息并在未来归还。股票也被称为“资本”，不像债务那样必须偿还。

股东主要有两大权利

“无须偿还”对公司来说似乎比较轻松，但如果仅是如此，就没人会愿意投资了。投资人，也就是股东，可以按照出资额的多少，通过“股息”的方式获得公司未来的利润。公司成立第一年的利润也包括在内，这自不必说，如果继续持有股票，5 年后、10 年后也能获得股息。如果公司发展壮大，股息可能会增长几倍，甚至超过最初投资的金额。公司以前盈利积累起来的财产也属于股东。

相反，如果经营不善，公司破产倒闭，股东不仅得不到股息，出资的钱也可能无法收回。

换句话说，对于出资人而言，“股票投资”比“贷款出资”承担了更高的资金损失风险。但另一方面，如果公司成长壮大，回报也会相应增加。

股东还有一个重要的权利，那就是“表决权”（见图 2-1）。

①利润分配

- 收获股息
- 公司积累的财产也属于股东

②表决权

- 决定重要事项（董事人选、经营策略、解散、利润分配等）

图 2-1　股东拥有的权利

公司的重大经营决策由股东决定。基本上，只要过半数股东同意，无论是大规模的项目，还是被其他公司并购，股东都能进行表决。公司的“所有权”和“经营权”是分开的，日常经营决策和业务执行通常由董事长和员工来负责，然而，管理层的人选是由股东决定的。

因此，作为股东，既有权决定公司的重要事务，也有权分享未来的利润。这就是为什么股东被称为“所有者”。

其实我也在2022年秋天成立了一家小公司，接下来我会通过这个微不足道的例子来帮助大家更好地理解股东。

2022 年，我创建了一家股份公司

2022 年 3 月，我从日本经济新闻社辞职，开始以自由职业者的身份工作。起初，我还不是法人，而是“个体经营者”。

后来，我听取了很多人的意见，从 note 等平台中获得的收入也开始增加，因此我决定创立一家股份公司。虽然和个人发布帖子时所做的工作没有太大区别，但我觉得创建一家公司在业务管理方面会有很多优势。

资本金是 100 万日元，还有一些亲戚成为公司股

东，但我一个人持有一半以上的股份，并没有寻求熟人或风险投资人的帮助。尽管这是一家小公司，但根据《日本公司法》规定，我算是这家公司的“董事长”。

我的业务包括通过 X（原 Twitter）和 note 等平台发布信息，并在媒体上露面。租金、原材料和劳动力成本都很低，因此初期费用和周转资金的需求很小，也不用向日本国民金融公库或银行贷款。

虽然这是一家小型私人企业，但我作为“股东”，是有权进行表决和获得未来股息的“所有者”。同时，我作为董事长也是一名“经营者”，每月按时从公司领取工资。此外，我还是一个“参与者”，从发布信息到计算经费，每天都要处理各种业务。目前，我认为公司不需要一大笔资金，因此，应该也不需要银行贷款，即使有熟人要投资，目前也不会考虑。

一旦接受投资，新股东将拥有表决权和获得股息的权利。同时，我也要负责向新股东报告公司决策和业务运营情况。这可能是一种健康的制衡关系，但对于我自己的公司来说会成为束缚。例如，如果有一个无法带来短期利润，而且发展前景也不明朗的项目，我想尝试的话立刻就可以做出决定，不需要向其他股东寻求意见或进行解释说明。听起来似乎言过其实，但这恰恰是股份公司的本质。

即使销售额停滞不前，也可以通过创业故事筹集资金

我的公司规模小却五脏俱全，但如果要扩张业务就需要更多的资金。

创业除了需要设备投资等初始成本，原材料、劳动力和租金等运营成本也是一笔不小的数目。

即便公司业务前景不错，创业初期往往也很难提高销售额，周转资金也要靠借债来解决。债务附带的利息

会成为负担，因此更多人选择募集资金。

如果一家公司能让资本家相信它未来有发展潜力，它就可以筹集“股份资本”而不是“债务”。也就是说，公司发行新股，资本家提供资金并获得股份。

规模小的公司也可以请亲戚朋友投入少量资金。

如果企业已经有良好的业绩，创意和技术能力也很吸引人，那么在创业初期就可以从其他人那里筹集到数亿日元的资金。当然，公司的部分表决权和将来的利润也将分享给资本家。但是在公司的销售额尚未有起色的阶段，是资本家冒着风险投入了大量资金。

即使销售额不足，这笔钱也可以用于企业的前期投资，例如雇人或扩大业务。

接受投资也会产生压力和束缚感

让我们站在投资者的角度想一想。

如果投资的公司成长为日本的龙头企业，你将获得巨额股息，还可以把股票转卖给别人。

举个例子，如果你最初以 100 万日元的价格购买了 100 股股票，此后这家公司迅速成长，别人要以 1 000 万日元的价格购买这 100 股股票，那么你就可以获得 900

万日元的利润。在持有股票的同时，你还拥有表决权。根据持股比例，你还可以向管理层发号施令。

但是，如果投资的公司因经营不善而破产，那么股票价值也将大幅下降甚至归零。

投资新成立公司的机构称为风险投资公司（VC）。它们会投资许多公司，其中一些公司可能会破产或长期经营不善。不过，如果少数几家公司获得了长足的发展，也能给整个公司带来可观的收益。

但是，接受风险投资公司的资金会给管理层带来一定的压力。

风险投资公司承担了风险，提供了资金，因此公司必须有效利用这笔资金，并回应预期。

公司必须在相对较短的时间内，将吸引资金支持的创业故事付诸实施，并提高收益增长的可能性。因此必须削减与公司发展无关的成本，这意味着董事长的工资不能过高。

下一节让我们来看看“股票上市”。

股票上市类似于在雅虎拍卖上出售物品

“上市”是指公司股票开始在东京证券交易所等投资者聚集的场所进行买卖。即便公司未上市，也可以进行股票的买卖。例如，如果有人愿意购买我公司的股票，而我也同意出售，那么交易可以继续进行，具体交易价格由双方协商决定。随着公司规模的扩大，即使没有上市，股东人数也可以达到数百甚至数千人。但是如果要出售股票，寻找买家并以一个双方都认可的价格达成交易往往是相当困难的。

对于买家而言，情况也类似。大股东虽然可以通过寻找个人买家来完成交易，但如果是小规模投资者，这一过程则显得烦琐且费时。

一旦公司实现上市，以上问题便会得到显著简化。

举例来说，若有人在证券交易所提交订单，并表示愿意以每股500日元的价格出售股票，同时有其他人愿意以500日元的价格购买，那么交易便可完成。在此过程中，卖方甚至无法知道买方的身份。如果卖出1 000股，那么可能是多个不同的买家分别购买了这些股票。上市后，投资者便可以根据“××公司股、价格、数量”等条件，在交易所内频繁进行买卖（见图2-2）。

简单来说，这一过程与在雅虎拍卖平台上出售物品类似。当你想出售私人物品，而直接在街上寻找买家既费时又困难时，便可以通过雅虎拍卖，通过雅虎拍卖，你的物品能被远在他乡、不认识你的人看到。最终，商品会被出价最高的人购买。

股票的买卖同样如此。在多方的需求与供给之间，“即使价格较高也愿意购买的人”和“即使价格较低也愿意出售的人”之间的博弈会导致股价不断波动。一旦市场进入这种状态，前文提到过的风险投资公司便能更加轻松地通过出售股票实现收益。如果公司创始人持有大量股票，那么他们也可以通过出售部分股票来获得现金，从而确保生活的稳定。

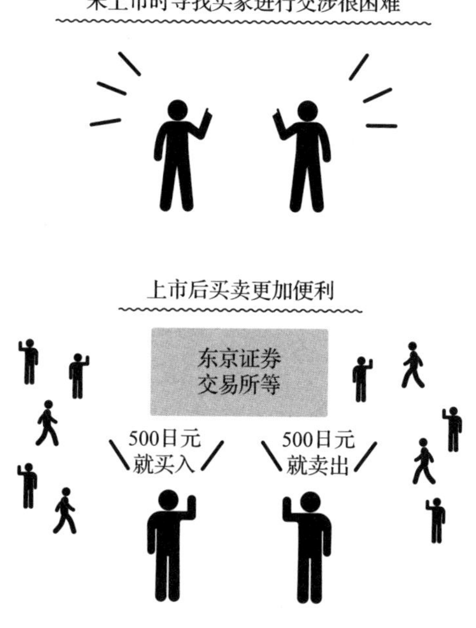

图 2-2　公司上市后股票买卖将更加便利

此外，上市有助于吸引新的投资者。与未上市公司不同，上市公司的股票一旦决定出售，就可以迅速找到买家，使得交易更加便捷。相反，如果购买了像我这样的小公司的股票，即便只有一股，出售时找到买家的难度也会非常大。

这种股票买卖的便利性通常被称为“流动性”。流动性越高，股票的交易越容易进行，因此，流动性高的股票往往能够吸引更多的投资者，从而对股价产生积极影响。

证券交易所也会积极吸引个人投资者及外国投资者等多样化的交易者参与交易。投资者群体的扩大和多元性能显著提高市场的流动性，从而提升交易所的交易便利性。

上市后，公司追加筹集资金的途径将大大拓宽

之前提到过，如果公司能够有效展示其创业故事，资本家就愿意冒险投入大笔资金。对于公司来说，上市可以打开新的资金筹集渠道。

讲述创业故事始终很重要，但如果公司已经上市，就不再需要单独寻找资本家，大量投资者可以根据交易所的股价做出交易决策。

如果公司具有吸引力，它就能够从包括个人投资者在内的众多投资者中筹资。以上市股票举例，经常会出现这样的信息：“公司将以每股 1 000 日元的价格发行 100 万股，总计 10 亿日元。如果能筹集到 10 亿日元，将用于有前景的业务，实现未来利润的增长。若你认为值得投资，请购买。”如果投资者认为每股 1 000 日元有价值，就会纷纷投资，那么公司就可以顺利筹集到所需的资金。通过向广泛的投资者公开募股增加公司资本的过程，被称为“公募增资”。

证券交易所的首次公开募股是指公司首次公开上市的过程，这一术语的全称为 Initial Public Offering，意指“首次公开出售”。上市意味着公司已经成长为一个能够进入公开市场交易的实体，它不仅标志着公司规模的增长，也意味着公司股票的市场评估将会不断变化，资本筹集的可能性大大增强。

上市对公司来说，除了能够拓宽资金筹集渠道，还有助于提升公司的知名度，增加社会信任度。许多企业家也提到，上市后，公司更容易吸引到优秀的员工。

然而，上市并非只有积极的一面。若公司业绩不佳，股价下跌，股东就有可能加大对公司管理层的压力，甚至可能要求管理高层辞职。只要出价更高，任何投资者都能增加持股比例，因此，与创始人和管理层意见不合的股东可能会逐渐壮大势力，推动企业进行经营变革。

此外，投资者往往更关注短期收益的增长，而非长期回报。许多投资者倾向于寻求短期的业绩提升，这给公司带来了更大的压力，可能会导致公司难以执行长期战略。

┆专栏┆对创业者而言，IPO 意味着什么

有一句话叫作“IPO 富翁”，意思是通过公司的 IPO，创业者的财富会呈指数级增长。假设公司上市时的市值（= 股数 × 股价，稍后会详细解释）达到了 100 亿日元，而创始人持有 50% 的股份，那么创始人的资产市值就是 50 亿日元。如果在上市时出售一部分股票，那么创始人就可以直接获得现金。

创始人掌握着与公司有关的大量信息，因此在上市后出售股票的话会面临一些限制，但与上市前相比，出售股票会变得更加容易。大量资金的涌入，使得很多人认为“IPO 是一个目标”。的确，上市对于创始人来说，意味着未来生计的不确定性大大降低。上市前，即便想出售股票也难以确定价格；上市后，股票每天都会被标上价格，自己的资产状况也会变得一目了然。

然而，通过采访有上市经验的投资者后，我们发现，认为“上市是目标”的人并不多。因为一旦公司上市，会有更多的投资者持有股票，创始人将面临更大的压力。此外，创始人通常在上市前就已经向各类投资者阐述过公司的未来愿景，因此上市后，他们有责任推动这一愿景的实现。

即便如此，一位经历过 IPO 的创始人曾这样描述他的感受："上市之前，精神压力确实很大。虽然我持有大量股票，且估值也很高，但那时我并不能随时将它们卖出。上市前自己的薪水也必须控制。尽管当时我认为很快就会上市，但毕竟是第一次尝试，很多事情都处于尚不明确的状态。但上市后，我在首次交易后获得了部分现金。此外，持有的股票会根据市场的评估价格波动，卖出股票的机会也会增多。"换句话说，尽管 IPO 并非创业者的最终目标，但它无疑是公司发展过程中的一个重要阶段，对于创始人个人来说，也是标志着在经济方面有所保障的重大转折点。

最重要的是，上市之后，创始人能否继续保持激情带领公司为股东、员工、客户和社会创造更多价值。这一点，不同的创始人有不同的理解和追求。

公司价值的评估：以餐厅为例

之前提到股东是公司的“所有者”。如果你持有某公司 100% 的股份，那么该公司便完全属于你。如果该公司的股票价格为 1 万日元，总发行量为 1 万股，那么公司股份的总市值为 1 万日元 ×1 万股 =1 亿日元。因此，成为该公司 100% 所有者的权利即为 1 亿日元；或者可以说，基于当前股价计算出的公司价值为 1 亿日元

（见图 2-3）。

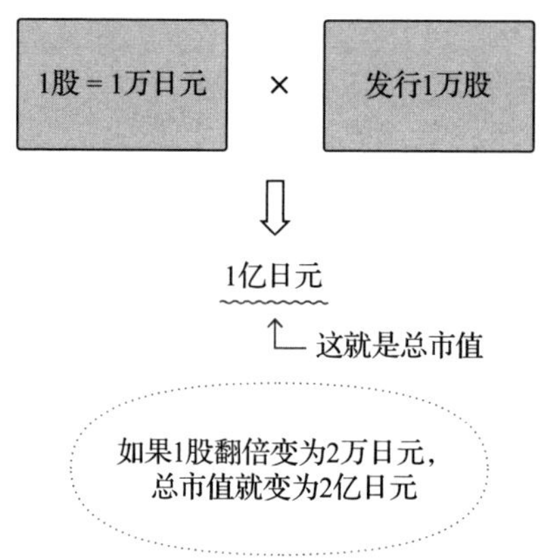

图 2-3 股票市场评估企业价值

这就是“总市值”。如果每股股价上升至 2 万日元，总市值将变为 2 亿日元。

那么，如何评估该公司的实际价值是 1 亿日元还是 2 亿日元呢？

假设一家公司的资产为 1 亿日元现金，且公司没有其他任何的负债或经营活动，在这种情况下，该公司的价值可认为是 1 亿日元。因为在没有预期盈利或亏损的情况下，公司的现有资产价值即为 1 亿日元。

假设该公司用这 1 亿日元现金开设了一家餐厅。开餐厅涉及一定的初期投入，如装修、厨房设备等，需要一部分现金支出。此外，还需要支付员工薪酬、房租、水电费等日常运营成本。如果餐厅营收可观，就会有盈利；如果顾客稀少，则可能面临亏损。

假设这家餐厅的厨师非常有名，餐厅一开业就吸引了大量顾客，即使售价较高仍供不应求。如此一来，这家公司的价值显然会超出最初的 1 亿日元。

如果餐厅的受欢迎程度不减，盈利将得以持续积累，现金流也会逐步增加，公司就有机会扩张，进而开设第二家、第三家分店。在此情况下，原本每股 1 万日元的股价势必会出现上升，即使是每股 3 万日元，也会有投资者愿意接受。

与此相反，如果餐厅客流量不足会产生什么结果呢？

每月出现亏损，原有的现金也逐渐减少，如果短期内没有大幅盈利的可能性，公司价值便可能低于 1 亿日元，每股降至 5 000 日元也无人愿意买入。

虽然只是一个简单的示例，但也不难看出股票的价格是在多重因素的综合作用下变动的。例如，“公司现有的资产状况如何”“公司的品牌知名度、厨艺等难以量化的价值如何”“未来公司的盈利潜力如何？能否实现长期增长”等。

“现有资产”（如存款、厨房设备等）是比较容易计算的，但像“厨艺水平”和“未来的受欢迎程度”这样的因素则难以准确评估。至于 5 年、10 年后的销售额和利润，则会根据假设的不同而有所变动。而且，评估者不同，结果也不相同。

以刚才提到有著名厨师的餐厅为例，有人可能会认为公司价值为 2 亿日元，有人则可能会估价 10 亿日元。股票会流向出价更高的投资者，如果大多数投资者认为该公司价值为 10 亿日元，那么股价就可能逐渐趋向这一估值。

接下来，我们来看日本市值排名前 20 的公司（见图 2-4）。

丰田汽车长期稳居日本总市值榜首，其全球知名度、卓越的盈利能力和市场稳定性均受到了高度评价。

排名第二及以下的公司则随着时代的变化而不断变动，这主要取决于当时的盈利表现和成长预期。资本市场上资金的博弈最终表现为公司的总市值，总市值能有效反映出公司在市场中的竞争力，因此得到公司高层的广泛关注。

总市值不仅能衡量同行竞争者的实力，还能跨行业、跨国别比较不同公司的价值。因此，不仅在股票投资领域，在求职或调查商业合作伙伴规模时，总市值也是一个方便的指标。

1	丰田汽车
2	索尼集团
3	三菱日联金融集团
4	日本电报电话公司（NTT）
5	基恩士
6	迅销
7	东京电子
8	KDDI
9	信越化学工业
10	三菱商事
11	三井住友金融集团
12	伊藤忠商事
13	日立
14	东方乐园
15	任天堂
16	软银集团
17	本田
18	三井物产
19	软银（通信）
20	Recruit控股

图 2-4　日本市值排名前 20 的公司

资料来源：QUICK FactSet，2023 年 12 月。

股价是依据“未来”而非“现在”来决定的

以刚才提到的餐厅为例。首先，现在的资产状况是评估股价的基础。假设公司拥有 1 亿日元的现金，其中一部分已用于装潢和采购烹饪设备，这“1 亿日元”便可作为初步评估公司价值的依据。

但是，对于股价来说，“未来”比“现在”更重要。股东拥有持续获得未来股息的权利。只要公司能够持续经营，股东在 5 年、10 年后依然可以获得股息。因此，相较于当前资产或本月利润，未来5年、10年公司利润的增长潜力以及持续盈利能力更加重要。

若某位投资者估算餐厅的价值为“10亿日元”，则大致意味着他认为公司未来能够创造的总利润，折算成当前的价值大约为10亿日元。因此，投资者的任务便是预估餐厅未来的盈利状况。这一过程需要综合考虑诸多因素，如主厨的知名度与厨艺、开业初期的市场反响、后期的经营表现、竞争对手的动态、宏观经济的变化等，这也考验着投资者的智慧与能力。

若餐厅被列入《米其林指南》，股价可能上升；反之，如果回头客少，营业额下滑，未来的增长预期减弱，股价则可能下跌。如果整体经济形势趋好，客单价提高，也有可能推动股价上涨。正是各种外部信息的变化影响着人们对公司未来盈利能力的预期。

投资者所关注的是不确定的“未来”，而非“现在”。事实上，即使是公司内部人员，也无法准确预测公司的未来走向。各路投资者根据自己的判断，预想公司的未来，进行股票交易，股价便是这种博弈的最终体现形式。股价未必能准确预测公司的未来，但却是投资者深思熟虑后的估值达到平衡的结果。

因此，日常变动的市值（股价 × 股数）常常被作为“企业价值”的衡量标准，这也是可以理解的。

“财务报表”是商业人士不可或缺的工具

见到“财务报表”一词，有些人可能就想直接跳过。确实，财务报表中遍布专业术语，而且数字众多，短时间内往往难以理解。尽管如此，大家仍然应该有一种意识，那就是“了解这些内容似乎对我有所帮助”。

本书并非一本专门讲解财务报表的专业书籍，因此不会深入探讨过于复杂的内容。我将以简明易懂的方式重点介绍“需要掌握的基本知识”。即使不投资的人也需要了解财务报表，因为它是每个商务人士都应当具备的基本素养与竞争手段。

如果要创业，在不了解资产负债表（接下来将会讲到）的情况下筹措资金与拓展业务无疑是非常危险的。作为公司员工，随着职位的提升，如果还对财务报表一知半解的话，在遇到诸如“预算如何分配”之类的问题时是无法进行决策的。同时，与客户谈判时，通过财务报表了解对方的实力同样至关重要。无论是财务部门、销售部门、生产部门，还是战略规划部门，都需要了解财务报表。

财务报表对于股票投资者而言就更加重要了。上市公司的财务报表是公司向股东报告成果的重要工具。它明确展示了公司在一定时期内的盈利状况和财务状况。这并非彰显“公司做得不错”或“今后继续努力”之类简单的书面口号，而是按照严格的规则计算后得出的实际数字。

此外，了解 PBR（市净率）和 ROE（净资产收益率）等市场新闻中常见的术语，也有助于理解财务报表。

再次强调，本书并非讲解财务报表的专业教材，花费大量篇幅讲述财务报表的内容可能会让许多人觉得索然无味。然而，对于商务人士或投资新手来说，掌握一些基本的财务知识是至关重要的。为此，本书用了贴近生活的餐厅以及实际存在的大型企业的案例，力求将这些知识以简洁、直观的方式转达给各位。

众多“利润”中首先要看“营业利润”

许多财务图书在介绍财务报表时，通常先从“利润表”开始。这张表中，在销售额的基础上逐步扣除各种费用，最终得出不同的利润指标，比如“毛利润”“营业利润”“经常性净利润”“税前利润”“净利润”等，很多人会觉得很难记住这些名词。

简单来说，最需要记住的是“营业利润”和“净利润”。首先我们来了解一下营业利润。

以餐厅为例，营业利润是指从销售额中扣除与主营业务相关的各项费用后得出的剩余利润。对于餐厅来说，主要的费用包括原材料成本、劳动力成本、房租、电费、燃气费等。

如果餐厅的销售额是1 000万日元，扣除的金额为900万日元，那么营业利润为100万日元，营业利润率为10%。

虽然这是一个简化过后的案例，但销售额翻倍的话会发生什么呢？原材料成本可能也会翻倍，但房租只有在扩张店面时才会增加。因此，原材料被称为“变动成本”，房租则是“固定成本”。如果客流增加，用人需求增加，劳动力成本也会随之上升，但不太可能会翻倍。烹饪消耗的燃气量增加，可能导致水电费和燃气费上涨，但照明和空调的费用不太可能翻倍。

因此，当销售额增加到2 000万日元，扣除的费用为1 600万日元时，营业利润就会增至400万日元，营业利润率也会升高到20%。

相反，如果销售额减少一半呢？即使客流减少，房租和劳动力成本仍然是固定支出。因此，当销售额为500万日元，扣除费用为600万日元时，营业利润就会出现 100 万日元的亏损。

销售额和营业利润真实反映了公司主业的盈利能力，展现了如何提高销售额、成本在哪里以及如何控制等信息。同时，通过同行之间营业利润率的比较，我们也可以分析该公司的优势和短板。

接下来，我们来对比一下几家知名公司的营业利润率。

行业特点和公司的努力都表现为营业利润率

让我来考考你：

我们来看图 2-5 中的四家公司——丰田汽车、JR 东海、任天堂、Seven&i Holdings（运营 7-11 便利店等业务），它们 2022 年度的营业利润率分别是多少？

A. 31%　B. 27%　C. 7%　D. 4%

日本主要上市公司的营业利润率大多在 5% ～ 7%，

各行业之间也有不同，若营业利润率超过 10%，通常意味着这家公司具有较强的盈利能力。

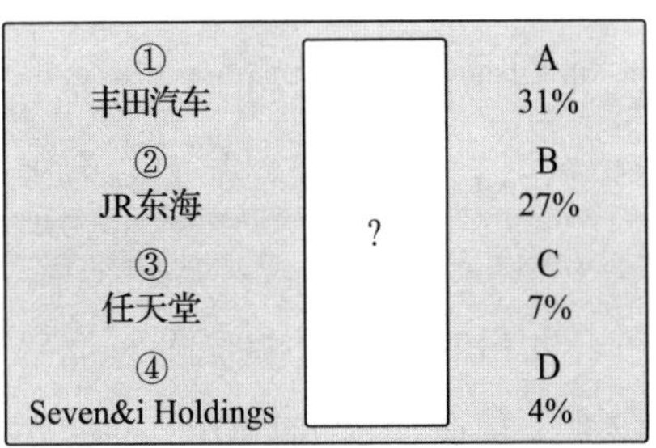

图 2-5　营业利润率是多少

注：丰田汽车、JR 东海、任天堂数据截至 2023 年 3 月，Seven&i Holdings 数据截至 2023 年 2 月。

接下来，我们按营业利润率从高到低的顺序来揭晓答案。

营业利润率最高的是任天堂（31%）。作为全球领先的游戏公司，任天堂 2022 年的销售总额达到了 1.6 万亿日元，而员工人数仅为 7 317 人，这意味着每位员工的平均销售额超过 2 亿日元。因此优秀且富有创造力的少数员工有助于降低劳动力总成本。

此外，任天堂旗下没有生产工厂，采用的是“代工模式”，即将产品外包给合作伙伴，因此固定成本较低。与此同时，任天堂的游戏销售不再仅依赖实体卡带或光盘，在线下载量也在增加，这大大降低了实体游戏软件的生产、配送及零售商的分成。因此一款售价 5 000 日元的游戏软件的利润率有多高也就可以理解了。

其次是营业利润率为 27% 的 JR 东海。尽管在新冠疫情期间，JR 东海曾一度陷入赤字，但随着 2023 年 3 月旅游和出差需求的回升，其营业利润率也迅速提高。相比之下，JR 东日本和 JR 西日本的营业利润率则低于 10%。

为什么会产生如此明显的差距？关键在于，JR 东海的主力业务是东京至大阪的东海道新干线而非城内的本地线路。虽然同航空公司存在竞争关系，但考虑到便捷性，更多的旅客会选择新干线。来往于东京至名古屋、东京至京都的游客大部分都乘坐新干线，JR 东海基本实现了近乎垄断的商业模式，即使票价较高，客源依然充足，利润率自然很高。

第三名是营业利润率为 7% 的丰田汽车。丰田汽车的营业利润为 2 725 万亿日元，预计到 2024 年 3 月，这一数字将达到 4 万亿日元，丰田汽车也将成为日本首家达成这一目标的公司。然而，丰田汽车的营业利润率相较于任天堂等公司略显逊色。作为传统制造业巨头，丰田汽车的员工总数高达 37 万人，而工厂等与生产相关的各项成本也占据了很大比例，与任天堂的模式形成了明显对比。

尽管如此，与同行的本田（4.6%）和日产（3.6%）相比，丰田汽车的营业利润率居高。这也得益于丰田汽车实行了成本最小化，而销售额高达本田的4.7倍，日产的14.9倍，此外规模效应也为丰田汽车带来了较大的优势。

最后是营业利润率为4%的Seven&i Holdings。尽管Seven&i Holdings是日本销售额最高的零售企业，但其营业利润率相对较低。零售业的主要特点是采购并销售现成商品，因此销售额高意味着进货成本也会随之增加。

与之相对，零售业中以高营业利润率著称的是“优衣库”的母公司——迅销。近期的财务数据显示，迅销的营业利润率为13%。作为服装行业的领导者，迅销凭借其强大的品牌影响力、出色的产品开发能力，以及在原材料采购方面的交涉能力，拉开了与竞争对手的差距。

总的来说，虽然高营业利润率是一个好现象，但不同的行业有不同的特点。在采购现成商品进行销售的零售行业，要实现十几个百分点的营业利润率是非常困难的。因此，在评估一家公司的盈利能力时，必须考虑其行业特点，并与同行进行比较，这样才能更准确地了解其盈利模式。

与股东直接相关的是净利润

净利润与营业利润一样，都是极为重要的指标。营业利润代表的是公司主营业务的盈利，但除此以外还有其他因素会对利润产生影响。

例如，如果公司负债较多，利息支出将会增加。这类利息支出与公司营业活动无关，因此在计算营业利润时不会考虑在内。还有一些特殊情况，例如发生火灾造成了重大损失，或者公司投资的企业破产、股票变得一文不值，这些都会被计入“营业外支出”。2023 年 6 月，日本邮政投资的乐天股票大幅下跌，计入了 850 亿日元的营业外支出。相反，如果投资的公司成长超出预期，也可能出现“营业外收入”。

经过以上各项损益的计算，并扣除税款后，最终剩下的就是净利润。需要注意的是，净利润相较于营业利润，波动幅度往往较大。如上述例子所示，营业外收支通常是一次性事件，可能与公司的主营业务的业务能力无关。因此，如果要观察公司一段时间内的实际表现，通常营业利润更具参考价值。

那么，为什么净利润如此重要呢？因为它直接关系到股东的利益，公司会将一部分净利润作为股息发放给股东。但值得注意的是，很多企业会将净利润的一大部分留存为公司资本，用作未来业务投资或并购的本金。因此，尽管股东不能通过股息获得全部的净利润，但留存在公司里的资本依然属于股东的资产。

换句话说，一年间获得的净利润就是公司为股东创造的“成果”。这些成果可能会在未来几年持续增长甚至变得更加丰厚，而且未来的这些成果同样属于股东。简而言之，股票的价值就是公司净利润的总和。虽然没有人可以预见几年后的利润会有多少，但正是基于对这些未来成果的预期，投资者才会买入或卖出股票。

有多少利润用于股息

公司可以将赚取的净利润以股息的形式发放给股东。所派发的股息与净利润的比例被称为“派息率”。例如将100亿日元的净利润中的30亿日元作为股息分配给股东，那么派息率即为30%。

日本大型企业的派息率通常在30%～50%，但也有一些公司完全不分配股息，或者分配几乎所有的净利润。

例如，武田药品工业的派息率为 88%，花王为 81%，任天堂为 50%，基恩士为 20%，索尼为 8%（2023 年 3 月决算数据）。行业特性及公司成长阶段都会影响派息率的数值。派息率超过 50% 的日本企业如图 2-6 所示。

东京电子
任天堂
软银（通信）
第一三共
日本烟草产业（JT）
东京海上控股
武田药品工业
邮政储蓄银行
佳能
发那科（FANUC）
日本电产
安斯泰来制药（Astellas）
京瓷
永旺
花王
麒麟控股
野村控股
关西电力
资生堂
日本交易所集团

图 2-6　派息率超过 50% 的日本企业

资料来源：根据 2023 年 11 月 QUICK FactSet 发布的数据做出的预测。

许多初创公司在创业初期通常选择不分配股息。若公司初期资金周转不稳定，便没有多余的资金用于股息分配。此时如果强行分配，可能会导致公司破产，股东也难以受益。

即便资金状况逐步稳定，多数企业仍会继续选择不分配股息。因为在业务扩张阶段，企业在人力成本及业务投资等方面需要投入大量资金，并且股东与管理层都期望企业能够加速成长。因此，相较于将利润分配给股东，将更多资金用于企业未来的成长才是明智之举。

即便是规模庞大的企业，也可能会继续选择不分配股息，亚马逊便是这一策略的代表。尽管亚马逊的网络购物业务已经实现盈利，但尚未分配股息。其原因在于，亚马逊认为将赚得的利润用于新的商业投资，比将其用于股息分配更能提升公司的长期盈利能力、市场规模和品牌价值。

实施这一决策主要是因为杰夫·贝佐斯是亚马逊的创始人兼大股东。贝佐斯将公司的长期增长置于短期利润和股息之上，还推动了云服务等领域的重大投资和企业并购。

此外，派息率较高的企业通常处于成熟阶段。图 2-6 列举了若干派息率超过 50% 的日本企业。当企业从成长阶段进入成熟阶段后，即便不进行新的投资也能稳步实现盈利。在此阶段，股东对股息分配的需求通常会增强，希望企业将利润进行分配，而非强行冒险扩大规模。

派息率的高低，实际上也反映了企业在未来增长方面的投资需求。因此，派息率是多少并没有最优解，同时它还可以折射出管理层对公司成长阶段的认知。

将利润的一部分通过股息分配给股东的方式还是比较具体的，但将这些利润转化为公司"资本"的方式就比较抽象了。理解这一点的关键在于掌握"资产负债表"（稍后将进行讲解）。虽然掌握这个概念有一定难度，但它可以大大提升我们对企业经营状况的理解，并成为投资选择的重要依据。2023年，PBR突然引发广泛关注，掌握资产负债表的相关知识是理解这一概念的关键（PBR的相关内容将在后文进行解释）。下一节将通过"餐厅经营"这一通俗易懂的案例，帮助你更好地理解资产负债表的基本概念。

再次通过餐厅经营来学习资产负债表

接下来，我将通过开设餐厅的例子，简单地解释资产负债表。实际的餐厅经营和财务报表会复杂得多，但为了使你了解概况，接下来的讲解会进行简化处理。

请想象这样一个情境（见图 2-7）。

假设以 200 万日元的资金开办一家餐厅，加上银行借款 100 万日元，资金总额达到 300 万日元。其中的

150 万日元用来装潢和购买厨房用品，剩下的 150 万日元则存入银行作为运营资金。

- 自己出资200万日元开餐厅
  →这200万日元作为创业资本金（股份）
- 从银行贷款100万日元
  →所持资金共计300万日元
- 其中150万日元用来装潢和购买厨房用品
- 剩余的150万日元存入银行
  →作为运营资金（原材料采购、房租、员工工资）

图 2-7　想象开一家餐厅

上述内容呈现在资产负债表中，如图 2-8 所示。

资产负债表的右侧显示资金来源，即 200 万日元的自有资本（净资产）和 100 万日元的银行贷款（负债）。

资产负债表的左侧则显示资金的使用方式。150 万日元用于装潢和购买厨房用品，即设备投资；剩余的 150 万日元作为店内现金和银行存款，作为运营资金。这部分现金和存款也是公司的资产。

无论是右侧还是左侧，合计都是 300 万日元。资产和负债相等，因此称为“资产负债表”。此外，有一种说法认为，“balance”（平衡）一词也有“余额”的意思，因此称其为资产负债表（balance sheet）。

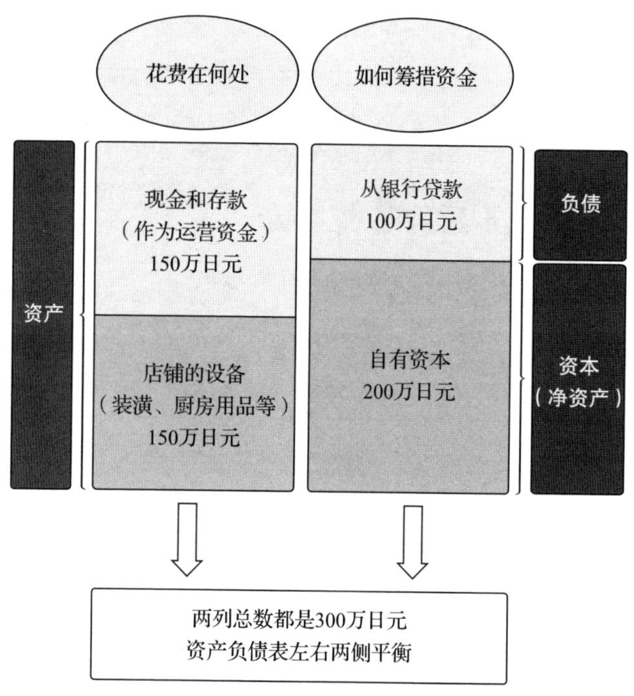

图 2-8 这就是资产负债表

接下来，我们继续看这个例子。假设经过一年的经营，餐厅迎来了客流，开始实现盈利。扣除各种费用和税款后，本年度的净利润为 100 万日元。

公司刚成立，因此考虑不进行股息分配，而是将 100 万日元用作公司的资本。这时，资产负债表将发生如图 2-9 所示的变化。

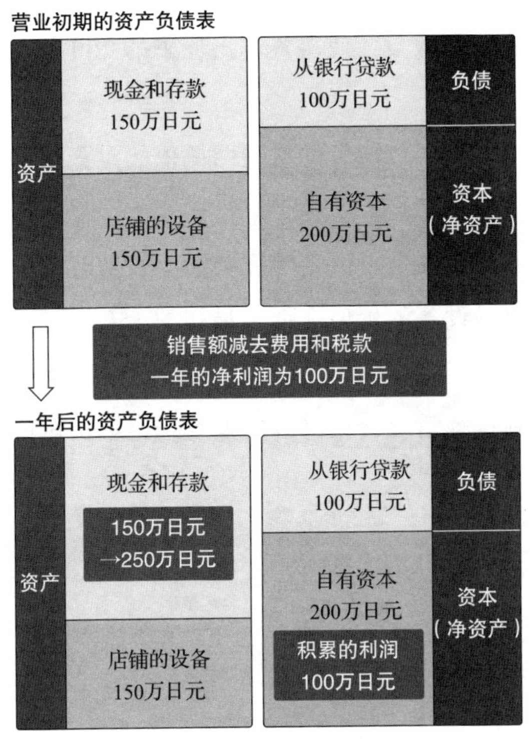

图 2-9　一年后的资产负债表情况

一年后的资产负债表（见图 2-9）左侧显示，现金和存款增加了 100 万日元，总额达到了 250 万日元。这一点很容易理解。

资产负债表右侧显示，100 万日元的利润被计入了资本（净资产）。这 100 万日元是公司赚取的利润，属于公司的资本，并不是需要偿还的债务。因此，这部分利润增加了股东权益，使得资本由原来的 200 万日元增至 300 万日元。

最终，资产负债表的左右两侧依然是平衡的，总额为 400 万日元。

需要注意的是，由于餐厅装潢会随着时间的推移而损耗老化，设备的价值会低于最初的 150 万日元。这一过程叫作“折旧”，本应在资产负债表中反映出来，不过考虑到这种情况会让讲解更加复杂，本次讨论将略去这一部分。

餐厅扩张

假设餐厅生意兴隆，顾客源源不断，老板可能会考虑“增加座位数”或“开设第二家店”。假设公司决定从银行继续借款 300 万日元，并用 350 万日元开设新店。在这种情况下，资产负债表将会如图 2-10 所示。

在资产负债表的左侧，原有的现金和存款为 250 万日元。由于从银行借款 300 万日元，现金和存款将增至

550万日元。用其中的350万日元开设新店后，现金和存款将减少至200万日元。用350万日元购置的设备资产增加到500万日元。

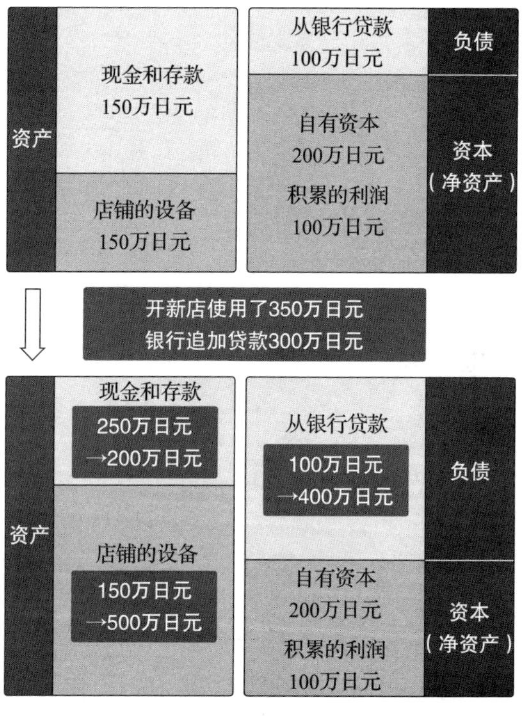

图2-10 开设新店的资产负债表

在资产负债表的右侧，由于从银行借款，负债将增加到400万日元。资本部分没有发生变化。因此，资产负债表的左右两侧依然是平衡的，总额为700万日元。

大致地整理资产负债表

为了简化理解，我通过餐厅经营的例子解释了资产负债表，接下来将像财务入门书那样进行一个总结（见图 2-11）。

资产负债表的左侧详细列出了公司拥有的资产，可以大致分为“流动资产”和“固定资产”两类。

流动资产：现金、银行存款、应收账款（即未来从客户那里收到的款项）等，通常具有较高的变现性。

流动资产	•现金、银行存款 •应收账款 •存货资产 •有价证券等	•银行借款 •公司债券 •应付账款 •退休金的准备金	负债
固定资产	•土地、建筑物 •机械设备 •汽车 •软件等	•原始资本 •过去积累的利润	资本

图 2-11　资产负债表的基本形式

固定资产：土地、建筑物、机械设备、汽车等长期持有的资产，软件也作为“无形固定资产”列入其中。

资产负债表的右侧则列出了为获得这些资产采取的融资方式。其主要构成包括“负债”和“资本”。

负债：银行借款、公司债券等借款，以及应付账款、退休金的准备金等未来需要支付的款项。

资本（净资产）：原始资本（即股东投入的资金）。在餐厅经营的例子中，除去股息部分，过去积累的利润最终也会成为资本逐步增加。

自有资本比率并非越高越好

资产负债表右侧的“资本”比例就是“自有资本比率”，是由“资本”除以“资产（资本+负债）”得出来的。如果企业较多地依赖借款，那么自有资本比率就会较低；反之，如果企业不依赖借款，自有资本比率则会较高。自有资本比率越高，说明企业越具有独立性，也就越能抵御市场环境的变化。自有资本比率有时被用作衡量企业健康状况的一个指标。

因此可能会有人认为自有资本比率越高越好，但事实并非如此简单。例如，如果存在很多有发展前景的商业机会，那么即使需要借款，企业也应当扩展业务，因此很多企业即便承担借款的风险，也要谋求发展。

此外，资本积累也并非越多越好。企业业务步入正轨后，如果不能实现资本的有效利用，比起囤积在企业，倒不如将其作为股息分配给股东，或者通过提高工资来增强员工士气和人才吸引力。换句话说，如果企业的业务已经无法再向上发展，不断积累的利润不分配给股东和员工，却挥霍在装修公司大楼或总裁办公室上，这显然是不合理的。

适当的资本规模、负债规模和资产规模，会因行业和企业发展阶段的不同而有所差异。关键在于，不同的时期如何恰当地保持众多因素的平衡，这就是资本战略。

接下来将通过比较丰田汽车和任天堂的资产负债表，进一步阐释这些概念。

丰田汽车和任天堂的资产负债表的比较

图 2-12 是丰田汽车和任天堂的简化版资产负债表。

从资产规模来看，丰田汽车达到了 74.3 万亿日元，十分庞大。日本乃至全球各地都有丰田汽车的工厂、办公室和销售网络。丰田汽车资产中的 64% 是固定资产，比例较高。

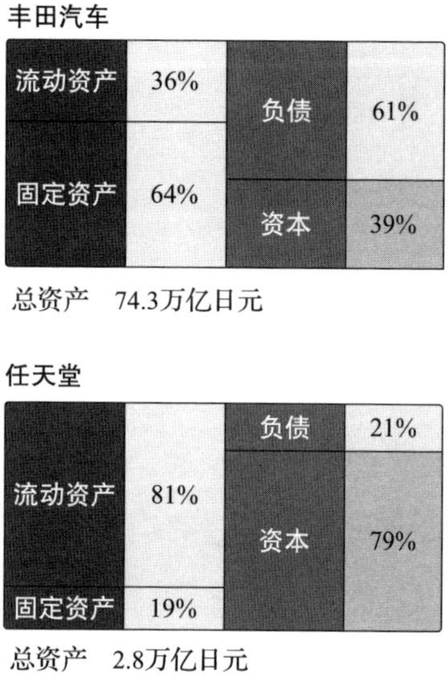

丰田汽车

流动资产 36%
固定资产 64%
负债 61%
资本 39%

总资产 74.3万亿日元

任天堂

流动资产 81%
固定资产 19%
负债 21%
资本 79%

总资产 2.8万亿日元

图 2-12 丰田汽车和任天堂的简化版资产负债表

资料来源：作者根据丰田汽车、任天堂2023年3月发布的IR资料制成。

任天堂的资产为2.8万亿日元，约是丰田汽车的二十六分之一。正如之前提到的，任天堂是一个无工厂依赖代工的公司。例如，任天堂的Nintendo Switch的生产是委托给中国台湾地区的鸿海精密工业等公司完成的。因此，任天堂的资产相对较为精简，固定资产的比例也比较低，仅为19%。

接下来，我们比较两家公司资产负债表的右侧。丰田汽车的负债略高，任天堂的负债较少。按照商业模式来看，丰田汽车需要大量资产，因此需要利用负债。可以说，这是典型的制造业资产负债表。相比之下，任天堂因为资产结构轻盈，对借款的依赖程度较低，自有资本比率就会较高。因此，即使是日本具有代表性的两大公司，它们的资产负债表结构也有很大差异。

可以尝试简单回忆一些其他公司的资产负债表，看看它们的构成是否符合你的预期。如果符合，那就非常有趣了；如果与预期差异较大，那恰恰是一个发现和学习的机会。

┆专栏┆资产负债表上无法体现的“人力资本”

近年来，“人力资本管理”一词越来越常见。那么，“员工”是否出现在资产负债表上的“资本”或“资产”中呢？答案是否定的，员工和工厂不同，并非公司的所有物。

尽管员工每个月获得工资并付出劳动，但这并不意味着公司可以完全自由地支配员工，员工也随时可能会选择跳槽。因此，员工并不适合列入资本或资产中。

然而，员工对于公司来说至关重要。聚集了优秀人才并充满活力的公司，显然会拥有巨大的价值。相反，如果优秀员工纷纷离职，短期内可能不会使公司的资产负债表发生显著变化，但实际状况其实已经非常严峻。

近年来，日本年轻一代的工作观念发生了变化，跳槽的现象逐渐增多，加之少子化和老龄化的趋势日益加剧，在确保员工成就感和工作舒适度的同时推动公司成长，变得愈加重要。

公司必须更加关注“人力资本”，虽然它并未出现在资产负债表中，但这并不意味着可以忽视。正是这种意识的变化，使得“人力资本管理”这一概念频繁出现。

除了人力资本，资产负债表上还有很多无法体现的资本和资产，如品牌。

以 iPhone 为例，尽管其他智能手机可能价格更低，但出于 iPhone 的知名度和信赖度，许多人依然愿意高价购买。这种品牌的价值难以量化，通常不会在财务报表中体现。

与品牌类似的，还有顾客。拥有大量长期顾客的公司会更加具有可持续性。但同样，顾客的价值也很难在财务报表中量化。

此外，技术能力、对环境和多样性等时代变化的应对能力也是财务报表无法体现的资本和资产。财务报表确实是一个非常便利的衡量工具，但仅凭这把“尺子”无法衡量公司的整体价值。那些无法体现在财务报表中的价值往往才是企业的真正魅力所在，也是股价上涨的部分原因。

当然，这并不意味着我们可以忽视财务报表。它仍然是一个非常重要的衡量公司价值的工具，但站在不同的视角去审视公司的价值同样也是至关重要的。

资产负债表上无法体现的资本如图 2-13 所示。

图 2-13 资产负债表上无法体现的“资本”

专栏 粉丝也是一种资本

虽然是个人的一些见解，但我在专栏里再补充一个话题：粉丝也是非常重要的资本。

供职于日本经济新闻社时，我运营的 X（原 Twitter）账户的粉丝曾达到 37 万。辞职时，我注销了那个账户，并创建了新的个人账户。刚开始我很担心新账户的粉丝增加能力，但没想到在一天之内就吸引了超过 10 万的粉丝。

之前的 X 账号是以“日经记者”的身份运营的，但作为“后藤达也”这个人，仍然拥有如此多的支持者，这让我非常惊讶和感动。

粉丝数量多，通常意味着影响力和传播力强，各种工作机会也随之增加。在工作过程中，我的知名度和客户信任度逐渐提高，粉丝数量也随之增加，由此形成了一种良性循环。

粉丝的价值像 iPhone 的品牌价值一样，难以用金钱衡量，自然也无法体现在资产负债表上。然而，它仍然是与业务扩展直接挂钩的重要资本。

这让我想起了在日本经济新闻社工作时的一件事。当时，我的粉丝已经突破了 10 万，有人曾对我说：“后藤先生的 X 粉丝，至少值 1 亿日元。”这意味着，考虑到我的信息发布风格、粉丝的质量以及未来的潜力，这些粉丝的价值足以产生超过 1 亿日元的现金流。

当时我没太在意，但现在回想这件事，暂且不提是否真的能达到1亿日元的水平，但X平台上的粉丝确实是一个巨大的潜在资本。

辞职后不久，我就收到了电视节目《报道STATION》的出演邀请。一个月不到我的YouTube的订阅数量就突破了10万。三个月后，我开始运营note，半年内付费会员数超过了2万。同时我的订阅收入比在日本经济新闻社工作时的工资的10倍还要多。

辞职时，我已经做好了心理准备，即使年收入降到100万日元也无所谓。所以离开公司之前，我没有预想到庞大的粉丝量究竟是多么强力的武器，以至于低估了粉丝作为“资本”的价值。

如今，大企业也开始在X、YouTube、TikTok等平台上投入大量资源。因为这些平台不仅能提高公司品牌和产品的宣传力度，甚至直接影响到企业的招聘能力。

传统的企业宣传为了扩大知名度，主要依赖电视节目和报纸文章等渠道，但现在社交媒体平台的使用变得越来越重要。

当然，我并不赞成粉丝至上主义这种趋势。但是，在这个社交媒体拥有巨大影响力的时代，如何估算和增加这些难以用金钱衡量的资本，已经成为企业需要认真思考的重要课题。

利润表是流量，资产负债表是存量

相信你已经逐渐理解了资产负债表的概念。经济中有“流量”（flow）与“存量”（stock）这两个概念。

流量，指在一年或一个季度等特定时间段内公司运营的表现，它反映了这一时间段内公司的营业收入、成本和利润等数据。

存量在概念上类似于“余额”，指在具体的时间点公司运营的情况，例如2023年3月末，它反映了公司的负债、资本积累、资产状况等数据。

如果用浴缸做类比，往浴缸里注水或把水放掉就表现为流量。水每秒每分钟都在流入或流出。

浴缸里的水量则是存量。存量的量由流量积累决定。如果要改变存量的量，就需要调节流量，例如增加注水量或放水。两者是密切相关的。

每年的营业收入和成本的变动，都会影响公司资本积累的量。基于这些资本，管理层会制定资本战略，比如建设工厂、开发产品，从而不断变化资产负债表的结构。同时新的公司结构又会反过来又会使利润发生变动。

净资产收益率的重要性日益提高

如前所述，流量与存量是密切相关的，而衡量这两者是否有效配合的指标就是净资产收益率（ROE）。

ROE是将一年内的净利润除以资本（即净资产）得到的，可以衡量公司是否有效利用股东的资本并将其转化为利润。

假设有两个资本（净资产）各为1亿日元的餐厅，

餐厅 A 的净利润是 2 000 万日元（ROE 为 20%），餐厅 B 的净利润是 400 万日元（ROE 为 4%）。显然，餐厅 A 比餐厅 B 更高效地利用了资本，创造了更多的利润。图 2-14 为 ROE 的示意图。

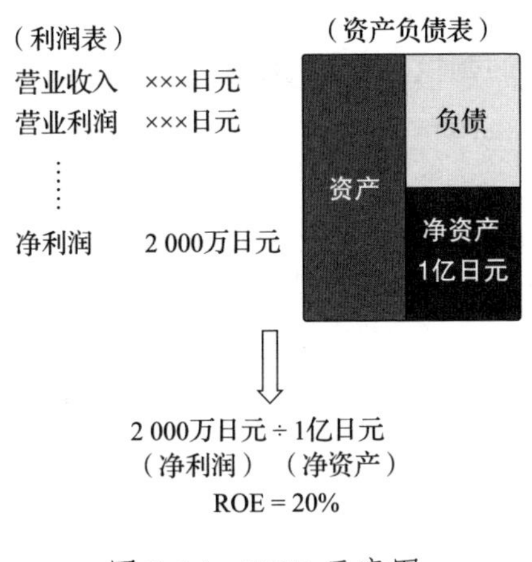

图 2-14 ROE 示意图

为了便于理解，我们来看一个具体例子。

餐厅 A 的厨师非常有名，客流量很大，准备将赚到的利润用于开设新店。餐厅 B 虽然盈利，但并不受欢迎，赚来的利润也被店主用来购买豪车。

这个例子虽然有些极端，但显而易见，如果你是投资者，你就不会愿意再为餐厅 B 追加投资了。毕竟餐厅销量一般，比起买豪车，还不如把利润通过股息分配返还给股东。

ROE 关注的就是如何高效利用股东托付的宝贵资本并将其转化为利润。为了提高 ROE，管理层需要跳出传统惯例，把钱用在能够在未来带来收益的项目和资产上。

即便不买豪车，如果管理层依旧循规蹈矩，继续投资无利可图的领域，ROE 也是无法提高的。进行业务调整难免会产生摩擦和矛盾，这时需要管理者承担风险并做出果断的决策。

要提高 ROE，不仅可以提高利润，也可以压缩资本。

ROE 等于“利润 ÷ 资本”，所以理论上来看，资本减少，ROE 就会提高。

压缩资本的方式之一是通过股息分配等方式将利润返还给股东。例如，餐厅 B 的资本为 1 亿日元，如果将 2 000 万日元的利润通过股息分配给股东，资本就减少到 8 000 万日元。如果利润维持在 400 万日元不变，ROE 将从 4% 提高到 5%。也就是说，与其用利润买豪车，不如当作股息返还给股东。

购买豪车只是一个便于理解的例子，但这种情况也会发生在大企业中。如果资本积累过多，且公司没有及时清理无利可图的业务，股东就可能会施加压力：“增加股息分配，停止亏损业务！”日本上市公司的 ROE 的中位数大约是 8%，也有不少公司的 ROE 甚至在 5% 左右。美国上市公司的 ROE 一般约为 20%。因此日本的企业一直以来都被指出在资本的高效利用上存在问题。

2023 年 3 月，东京证券交易所向上市公司提出了如下要求："不仅要关注营业收入和利润水平，还应以资产负债表为基础，关注资本成本和资本收益性，并将这种管理模式付诸实践。"

这几乎等于要求公司舍弃轻视股东的管理方式。

东京证券交易所不仅指出 ROE 低的问题，还基于 PBR 指标（之后会提及）提出了日本企业的管理课题，以激励企业。这一举措引起了投资者和媒体的广泛关注，瞬间提升了企业的紧迫感，也因此导致了 2023 年 4—6 月日本股市的上涨。

在第二章中，我们已经学习了"股票是什么"和"财务报表是什么"的基础知识。第三章将在第二章的基础上，深入分析"股价"的问题。

第三章 股价为何变动

股价的“虫眼”“鸟眼”“鱼眼”

股价为什么会波动呢?

本章将通过“虫眼”“鸟眼”和“鱼眼”三个视角来探讨这个问题。看到这里，可能也会有人产生疑惑。

这三种眼睛分别有什么特点呢?

“虫眼”是从多个角度、近距离、细致入微地观察事物。

“鸟眼”是从空中俯瞰全局。

“鱼眼”则更多关注水流和潮流的动向。

这三种眼睛各有其重要性，只有将它们结合起来，才能让我们更加立体地看清复杂的股市。

再具体一些。

“虫眼”关注的对象是企业。

企业的利润是股价的基础。现在这家公司有多强的赚钱能力？未来会成长、保持稳定，还是衰退？准确预测这些并不容易，但通过大量地研读公司发布的信息和新闻，可以对股价有合理的预期。

然而，股价往往也会受到一些企业自身无法控制的因素的影响，产生大幅波动，这时“鸟眼”就显得尤为重要。例如，日本和世界的经济形势如何？工资和物价将如何变化？货币政策和汇率波动会对经济和企业利润带来什么影响？比起具体的企业项目，这些话题更加宏观，它们直接影响着企业的盈利，因此必然会影响股价。

因此，如果你购买了丰田汽车的股票，仅仅了解丰田汽车的财报和新闻是不够的，还需要关注更广泛的经济新闻，并思考这些信息如何影响丰田汽车的发展，这一视角非常重要。

在股市中，我们通常将个别企业的动向称为“微观”，而经济状况和政策等方面的动向则称为“宏观”。也就是说，“虫眼”看微观，“鸟眼”看宏观。

接下来是“鱼眼”。与企业或经济状况等视角相比，这个角度可能会让人感觉云里雾里的。

世界上总有潮流的起伏。近年来，人工智能（AI）成了一个重要话题，人们关注着世界将如何改变，哪些企业将脱颖而出，这些话题在股市中也非常热门。

短时间内我们无法找到这些问题的答案。但是，当“下一个热门”涌来时，大量的资金将会随之流动，股价也会大幅波动。

即使无法确定一家企业未来是否能够真正赚取利润，只要众多投资者寄予厚望，形成了大量的资金流动，它的股价便会飙升。反之，即便企业经营状况良好，如果投资者开始撤资，股价也会下跌。

不同于“虫眼”和“鸟眼”，这种观察市场氛围和资金流动的视角更接近“鱼眼”。

这三种视角的结合非常重要。

举一个例子，如果日元贬值，来日外国游客激增，这可能是“鸟眼”的视角。在这种情况下，如果企业采取应对措施，收益大幅增加，那就是“虫眼”的视角。

再如，即便经济疲软，股价却因看涨而不断攀升，这就是“鱼眼”的视角。股价上涨时，股东手头变富裕，可能会促进消费，这就是“鸟眼”的视角。如果股价上涨，企业决定增资，筹集新资金，那么这又是“虫眼”的视角。

虽然我们分“虫眼”“鸟眼”和“鱼眼”是三种视角进行观察，但各种新闻和数据往往是相互联系的。我们不能孤立地看每个事件，而是应该结合这三种视角来思考世界的变化，这样就能更好地理解股价波动的缘由。

通过这种思考方式，我们可以发现令人耳目一新或令人惊奇的事物，从而丰富看待经济和社会的视角。这也是第一章提及的，通过投资可以获得的金钱以外的价值。

那么，接下来让我们从最容易理解的“虫眼”开始探讨吧。

【虫眼】吉卜力的价值

2023 年 9 月，“吉卜力被日本电视台收购，成为其子公司”的消息引起了社会的广泛关注。

日本电视台将收购吉卜力约 42.3% 的股份，虽然没有超过半数股权，但日本电视台的福田博之将担任吉卜力的社长，掌握实际控制权，将吉卜力归为子公司。

信息发布时，并未公开股权收购的金额，因此吉卜力的价值成了一个热门话题。

因此，我将通过吉卜力这一广为人知的案例对“企业价值”进行灵活地探讨，并进入“虫眼”的视角。

吉卜力并未上市，因此没有公开详细的财务报表和股东结构。我们唯一可以参考的线索是财务信息披露。图 3-1 展示的是吉卜力 2023 年 3 月的资产负债表一览。

第21期财务信息公告

2023年6月26日

东京都小金井市梶野町一丁目4番25号

吉卜力株式会社

董事长　铃木敏夫

资产负债表概要

（2023年3月31日）（单位：百万日元）

科目		金额
资产	流动资产	22 125
	固定资产	9 054
	合计	**31 179**
负债及净资产	流动负债	3 014
	股东权益	28 165
	资本金	10
	剩余资本金	2 774
	剩余利润	25 380
	其他剩余利润	25 380
	（其中的当期净利润）	（3 430）
	合计	**31 179**

图 3-1　吉卜力 2023 年 3 月的资产负债表

首先，最容易理解的是倒数第二项“当期净利润”。

2022 年 4 月到 2023 年 3 月这一年间，吉卜力的净利润（即税后净利润）为 34.3 亿日元。在动画行业中，企业价值通常是年利润的 30 倍左右，30 倍这一比率也就是后文会提到的市盈率（PER）。

按照财务信息披露的净利润进行简单计算，吉卜力的企业价值大约为 1 000 亿日元（34.3 亿日元 ×30 倍）。

吉卜力的股东权益为 281 亿日元。正如第二章中提到的，股东权益代表了过去股东出资的资金和企业的积累资本，是账面上的企业价值。因此从账面上看，吉卜力的价值是 281 亿日元。

然而，正如第二章中餐厅的案例提及的，如果企业有庞大的知名度和人气，将有人提出以高于账面价值的价格进行收购。如果有人愿意支付股东权益的 2 倍，那么吉卜力的价值就变成了 562 亿日元。2 倍这个比率也就是 PBR。与按 PER 计算的 1 000 亿日元相比，PBR 略低一些。

日本电视台在收购吉卜力股份时，一定结合了利润和资本等多种标准来衡量企业价值。

假设吉卜力的估值为 1 000 亿日元，并且日本电视台与吉卜力股东就此达成了协议，那么日本电视台的收购金额为 423 亿日元（42.3% 的股份）。

日本电视台计划在 2023 年 3 月至 2025 年 3 月进行 1 000 亿日元的战略投资，其中一部分将用于吉卜力收购，这与先前估算的 423 亿日元相差不大。

据说，2022 年，吉卜力的制片人铃木敏夫曾在某温泉旅馆向日本电视台的杉山美邦会长提出股票收购的建议。“知识产权（IP）开发”和“内容制作体制的强化”是这项 1 000 亿日元的投资计划的两大支柱。这一建议直接推动了日本电视台内部关于收购该项目的探讨。

我们再回顾一下资产负债表，这次来看一下资产部分。

吉卜力的总资产为 311 亿日元，其中流动资产（容易变现的资产）为 221 亿日元，固定资产（如土地、建筑物、设备等）为 90 亿日元，流动资产占比相对较高。

作为一家动画制作公司，吉卜力并不需要像汽车制造商那样拥有庞大的工厂和设备，产业形态相对轻便。也就是说，可能有部分“资产”没有体现在吉卜力的资产负债表中。例如，制作团队并非公司的所有物，因此没有作为资产被计入资产负债表中。然而，正如其字面意思，“人力资产”或“人力资本”是具有重要价值的。

更重要的是，“宫崎骏”的价值并没有体现在吉卜力的资产负债表上。

即使不是宫崎骏导演的作品，“吉卜力作品”这一品牌本身也具备强大的吸引力，这种无形资产基本上也没有反映在资产负债表中。

同为日本代表性上市公司，吉卜力和任天堂在某些方面可能有些相似。

任天堂作为日本代表性的内容公司，旗下未设工厂，其企业价值的核心来自“马里奥”等品牌和以宫本茂为首的优秀创作者。

实际上，任天堂的企业价值被认为大约是账面股东权益的3倍，这意味着它的PBR约为3倍。如果同样采用PBR的3倍来计算吉卜力的市值，结果大约为843亿日元，接近使用PER计算的1 000亿日元的企业价值。

与此同时，吉卜力几乎没有债务。内容创作更多依赖人力资本，而非大型的设备或原材料，因此无须承担大量的资本支出，这一点也与任天堂有些相似，因而吉卜力整体的财务状况非常健康。

然而，与财务报表上的数据相比，计算“人力资本”和品牌价值并不是一件容易的事。

一方面，如果宫崎骏退休，吉卜力未来的创作力可能会大幅下降；另一方面，吉卜力的《风之谷》上映已经40多年，但每年仍然在电视台播出，累计超过20次，并且蓝光DVD和周边商品的出售也为公司带来了长期收入。

吉卜力的作品跨越了代际，广受欢迎，即使宫崎骏退休，其收益的持续性依然值得期待。

吉卜力的企业价值很难用“品牌价值”来估算。如果日本电视台不能给众人一个易于接受的数额，那么这次的收购额就不能代表吉卜力真正的企业价值。

你认为吉卜力的企业价值是多少？PER、PBR达到什么水平才会让你想购买其股票？这是一个很有趣的问题。

稍后，我将继续以吉卜力的企业价值为例，进一步探讨这个问题。

【虫眼】寻找合理股价的三个指标

在讲解吉卜力时，提到了 PER 和 PBR 这两个指标。接下来，我们将进一步探讨这些指标。

假设 A 公司的股价为 1 000 日元。如果你认为这只股票本来应该值 1 500 日元左右，那么这时考虑入手或许是个不错的选择，但是“本来应有的股价”到底是多少，往往是难以确定的。

不过也有一些能够衡量股价是否合理、是偏高还是偏低的指标，最典型的就是股息收益率、PER 和 PBR。它们的计算公式如图 3-2 所示。股价可能出现在分母或分子中，可能会让人有些混淆。

① 股息收益率
=每股的股息/股价（股息总额/市值）

② PER（市盈率）
=股价/每股的利润（市值/净利润）

③ PBR（市净率）
=股价/每股的净资产（市值/净资产）

图 3-2　寻找合理股价的计算公式

但内容其实很简单。股价是与股息、利润和在第二章中讲过的净资产进行比较的。

除此以外，还有很多其他衡量指标，也有一些价值是无法通过这些指标来衡量的，但大多数投资者都会着重关注这三个指标。

在我看来，就是“日本人最喜爱的股息收益率”“最常用的 PER”和“备受关注的 PBR”。

接下来本书将依次对其进行讲解。除了介绍基本的知识和日本股市的例子，希望能通过我精心撰写的内容，让那些已经知道股息收益率和 PER 的读者，重新思考这些指标的意义。

此外，只要搜索股票价格，就能在一些免费的网站上查找到相应的股息收益率、PER 和 PBR 的数据。

【虫眼】日本人偏好的股息收益率

在三大指标中，股息收益率最受日本个人投资者青睐，许多人会以此作为选股的依据。

例如，假设某只股票的股价为 1 000 日元，年股息为 30 日元，那么股息收益率便是 30 ÷ 1 000 = 3%，这就是股息收益率的计算方法。

为了帮助理解，我制作了一个表格，展示了日本 20

家代表性公司的股息收益率（见图 3-3）。

（%）

丰田汽车	2.25
三菱日联金融集团	3.24
日本电报电话公司（NTT）	2.85
索尼集团	0.61
基恩士	0.48
迅销	0.90
三菱商事	2.93
KDDI	3.01
三井住友金融集团	3.63
软银集团	0.72
东京电子	1.41
东方乐园	0.21
信越化学工业	1.91
中外制药	1.63
日立	1.49
伊藤忠商事	2.61
Recruit控股	0.46
三井物产	2.97
软银（通信）	4.97
任天堂	2.61

图 3-3 日本 20 家代表性公司的股息收益率

资料来源：根据 2023 年 11 月 17 日 QUICK FactSet 发布的数据做出的预测，分公司除外。

对重要公司来说，股息收益率在 2% 左右为常见水平。与此同时，也存在股息收益率接近零的公司，也有约 5% 的公司，差异较为显著。

假设用 100 万日元投资了股息收益率为 2% 的股票，那么每年将获得 2 万日元的股息。扣除约 20% 的税之后，最终到手的金额大约为 16 000 日元。

和长期接近零的日本银行存款利率相比，2% 的股息收益率看起来相当可观。

人们普遍认为，日本人偏好股息收益率这一现象与长期以来的零利率政策密切相关。此外，相较于股价波动带来的盈亏，股息收益往往给投资者带来更为实际的感受，这是心理层面的因素。

事实上，股票杂志中常有涉及股息收益率的专栏，社交媒体上，也经常能看到罗列了股息收益率的股票一览表，专注于“高股息股票”的投资信托基金也层出不穷。

那么，是否只需要购买股息收益率较高的股票就可以获益呢？显然并非如此简单。

接下来将对此问题进行进一步探讨。

【虫眼】高股息背后的原因

先来看一个简单的计算题：一只股价为 2 000 日元的股票，年股息为 100 日元，那么该股票的股息收益率为 5%，属于高股息股票。

如果许多人认为“这只股票非常划算”的话，会发生什么呢？越来越多的人愿意支付更高的价格来购买这只股票。假设股价上涨至 2 500 日元，而股息仍为 100

日元，这时股息收益率将如何变化呢？100 ÷ 2 500=4%。也就是说，如果股息保持不变，股价上升时股息收益率将会下降。这是一个简单的除法。

而我想要表达的是，股息收益率较高是有其原因的。如果高股息收益率吸引大量投资者涌入，那么股价必然会被推高，从而导致股息收益率下降。因此，股息收益率维持高位，往往意味着即使股票收益率较高，也没有大量投资者购买。

正如我之前所提到的，股市是一个全球投资者争相寻找盈利机会的市场。因此看似划算的股票，其实并不存在。

相反，股息收益率接近零的股票可能看起来缺乏吸引力。然而，如果真的没有吸引力的话，市场上就不会有买家，股价就会不断下跌，股息收益率会随之上升。因此，即便没有高股息，股息收益率接近零的股票仍能找到买家，因为它具备除股息以外其他的吸引力。

下一节将探讨哪些属于高股息股票，哪些属于低股息股票。

【虫眼】高股息股票与低股息股票的特点

在日本的100家重要公司中，我们列出了股息收益率最高的9家公司和最低的10家公司（见图3-4）。大致来说，高股息收益率的股票通常是“成熟公司”，而低股息收益率的股票则多为成长预期较高的公司。

如前所述，如果一只股票既有高股息收益率，又有较高的成长预期，且预计股息会继续增加，那么这只股票将会受到更多投资者的青睐，股价上涨，股息收益率则会下降。

股息收益率最高的9家公司

电装	5.04%
日本烟草产业（JT）	4.98%
软银（通信）	4.88%
损保控股	4.66%
武田药品工业	4.46%
五十铃汽车	4.45%
日本钢铁	4.36%
MS&AD集团	4.29%
三井住友信托控股	4.12%

股息收益率最低的10家公司

瑞萨电子	0.00%
东方乐园	0.21%
Nexon	0.33%
Recruit控股	0.46%
基恩士	0.48%
激光科技	0.59%
索尼	0.61%
PPIH	0.62%
HOYA	0.65%
万代南梦宫控股	0.66%

图 3-4 股息收益率最高的 9 家公司和最低的 10 家公司

资料来源：2023 年 11 月 17 日 QUICK FactSet。

不过，这只是一个大致的趋势，实际上每家公司都各自有特定的情况。

图 3-5 列出了一些典型的原因。

高股息收益率	低股息收益率
• 处于成熟（或衰退）阶段 = 可能无法长期维持现在的利润和股息 • 突如其来的冲击导致股价显著下跌 • 用于计算股息收益率的当期股息暂时升高（下一期可能会大幅下降）	• 即使是低股息收益率也有众多投资者购买（增长预期等） • 比起当作股息返还给股东，用于投资有希望的产业，以此促进企业中长期发展更加合理 • 陷入亏损等业绩形势严峻的情况，股息为零（或很少）= 股息收益率低，情况不佳

图 3-5　出现高股息收益率和低股息收益率的原因

如图 3-5 所示，股票的股息收益率差异背后通常有各种各样的原因。即便股息收益率维持在平均水平 2% 左右，背后的原因也不尽相同。

因此，我们不能仅凭表面上的股息收益率来做判断，而是应该逐一分析每只股票为何会有这样的股息收益率。例如，过去 10 年股息是否稳定？是否呈上升趋势？未来的股息走势如何？此外，作为股息来源的盈利能力如何？今后是否有增长趋势？这些都需要从多个角度进行分析。

┆专栏┆即便如此，“股息收益率”威力尚存

超市出现打折商品往往是有一定“隐情”的，例如临近过期等。如果某个热销商品没有特别的理由却被降价，那它会立刻被抢购一空。正如前文所说，高股息收益率的股票往往也存在某些原因，例如“缺乏增长潜力”等。

即便如此，“高股息收益率”对投资者来说依然具有强大的威力。日本长期维持低利率，所以一旦听到3%或4%的股息收益率，许多个人投资者就会纷纷被吸引。

目前市场上也有许多专注于“高股息股票”的投资信托基金。换句话说，即使是“有隐情”的股票，只要股息收益率足够高，仍然会吸引一部分投资者购买。

例如，社交媒体或杂志上经常会发布“高股息收益率排行榜”等特辑。这种方式更容易吸引投资者的注意，进而可能会带来更多的买入订单。

【虫眼】最常用的衡量标准：PER

之前提到股息收益率是日本人最喜爱的指标，但从全球的视角来看，或者从日本的专业投资者（机构投资者）的角度出发，最常用的衡量标准是 PER。

股息收益率衡量的是“股息”和“股价”之间的关系，PER 衡量的则是“利润”和“股价”之间的关系。如果每股利润为 100 日元，而股价为 2 000 日元，那么

PER 就是 2 000 ÷ 100=20 倍。

我们来看一下日本 20 家主要公司的 PER（见图 3-6）。可以看到，很多企业的市盈率在 10 倍左右。

（倍）

丰田汽车	10.14
三菱日联金融集团	8.39
NTT（日本电报电话公司）	20.16
索尼集团	18.51
基恩士	42.36
迅销	37.99
三菱商事	11.09
KDDI	14.5
三井住友金融集团	12.4
软银集团	—
东京电子	32.97
东方乐园	78.57
信越化学工业	17.15
本田	8.73
日立	14.2
伊藤忠商事	12.24
Recruit控股	25.34
三井物产	8.36
软银（通信）	13.92
任天堂	17.07

图 3-6　日本 20 家主要公司的 PER

资料来源：2023 年 11 月 17 日 QUICK FactSet，利润基于最近的决算数据，软银集团处于赤字状态。

PER 较高意味着在当前的盈利对比中，与其他股票相比，股价是偏高的。反之，如果 PER 为个位数，则意味着基于公司最近的利润，股价呈现低迷的状态。

不过，PER 和股息收益率一样，不可以简单地通过“数值高则股价高”来判断。PER 高有高的原因，同样 PER 低也有低的原因。

PER 的计算中所用的“利润”是第二章提到的“净利润”，是扣除各种成本和税费后，最终留给股东的利润。

净利润会在未来几年中持续积累，并且仍然属于股东。因此，未来预计获得的净利润总和就构成了股票的价值，进而成为判断股价的基础。

尽管如此，如果公司的管理者连未来一年的利润都无法准确预测，更不用说 5 年或 10 年后的了。在这种情况下，投资者往往会自行设想未来的情况。如果认为公司未来几年的净利润会持续增长，那么 PER 可能再高也是合理的。相反，如果认为公司的利润将停滞不前甚至呈下降趋势，那么即使 PER 低于 10 倍，可能也不会有太多人买。此外，如果只有特定一年的利润急剧增加的话，PER 也可能会降低。

和股息收益率一样，我们不能仅凭 PER 的数值做出判断，而是要结合当前企业的盈利状况和未来的预期，思考 PER 为什么会达到这样的水平。

┆专栏┆高“预期”也能令亏损公司股价暴涨

近几年与 GAFAM（谷歌、亚马逊、Facebook、苹果、微软）一起引起广泛关注的，还有电动汽车（EV）公司特斯拉。

图 3-7 中将特斯拉与丰田的市值进行了对比。2020 年，特斯拉的市值一度逆转，甚至达到了丰田市值的 5 倍。

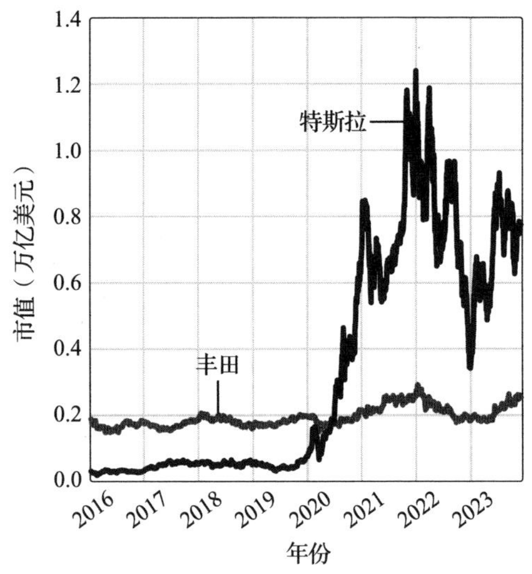

图 3-7　特斯拉和丰田的市值

资料来源：2016 年 1 月至 2023 年 12 月 11 日，QUICK FactSet。

随着环保意识的提高，市场对电动汽车的期待也愈加强烈，而特斯拉CEO埃隆·马斯克以其不拘一格的管理和营销方式，成功树立了创新企业的标杆。即便2020年特斯拉仍处于亏损状态，但它却超越了每年创造万亿日元利润的丰田，这一新闻不仅在日本，也在全球范围内成为焦点。

第二章中也曾提到过，“股价是由未来而非现在决定的”，特斯拉正是一个经典的案例。

当然，5年或10年后特斯拉有可能会陷入困境，但是市场对特斯拉的商业模式、技术能力以及马斯克的经营才能充满期待，尽管当时处于亏损状态，股价却依然大幅上升。

不过，2020—2021年，特斯拉的股价上涨幅度之大，已经无法仅用其自身的实力来解释。到了2022年，特斯拉的情况并未发生显著变化，股价却大幅下跌了。

这背后究竟是什么原因呢？这个问题较为复杂。从股价的角度来看，关键的影响因素之一是“企业、资金、宏观经济”中的资金。这一点将在后续“鱼眼”的部分进一步讨论。

【虫眼】PBR:“账面价值”与“市场价值”的关系

第二章中学习了如何将资产负债表上的“股东权益（净资产）”与股价（市值）进行对比，而这正是 PBR。我们可以再次通过吉卜力的例子来理解这个概念。

吉卜力的资产负债表上的股东权益（净资产）为 281 亿日元。这是账面上公司的价值。如果收购吉卜力，你愿意出多少钱呢？换句话说就是，公司的账面价值为

281 亿日元，如果要购买所有股票，你会给出多少钱呢？

在吉卜力的资产负债表中，流动资产为 221 亿日元，固定资产为 90 亿日元。“流动资产”是指存款、应收账款等可以快速变现的资产。“固定资产”则是指建筑物、土地、车辆、设备等不容易立即变现的资产。这些资产当然是有价值的，但吉卜力的价值并不仅仅局限于存款、建筑物这些可以直接衡量的东西。人才、品牌、对未来作品的期待……这些是资产负债表上无法展现的价值。

因此，虽然账面上的净资产是 281 亿日元，但也难怪有人愿意出 500 亿日元甚至 1 000 亿日元的收购价。如果价格为 1 000 亿日元，那么 PBR 就是 1 000 亿日元除以 281 亿日元，约等于 3.6 倍。

PBR（price book-value ratio），意为实际价格（price）与账面价值（book-value）的比率（ratio）。

我们再设想另一个动画公司。假设这个公司与吉卜力的资产负债表完全相同，账面价值也是 281 亿日元。然而，这家公司的优秀员工陆续离职，最近很难推出热门作品。当市场对这家公司的未来预期下降时，投资者可能都不愿意出 218 亿日元对其进行收购。在这种情况下，PBR 可能会低于 1 倍。因此，尽管资产负债表相同，但由于实力、品牌和未来成长预期的差异，账面净资产的市场评价会有所不同。

【虫眼】低 PBR 企业常存在“浪费”现象

让我们继续以第二章中提到的餐厅经营为例。

假设第一家店经营顺利，顾客络绎不绝，于是经营者决定扩大店铺规模。为了扩张，餐厅向银行贷款 300 万日元，那么资产负债表上就会发生图 3-8 所示的变化。此时，上下两个资产负债表上的股东权益（净资产）都是 300 万日元，并没有发生变化。

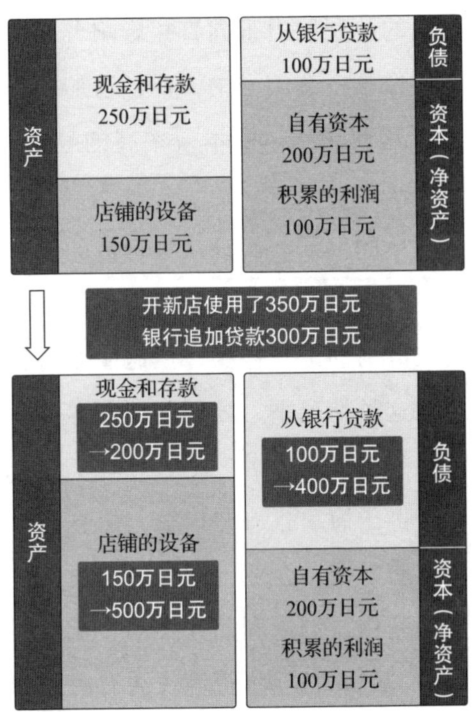

图 3-8 扩张经营后的资产负债表

如果你要对这家公司进行评估，你会觉得哪种情况更有吸引力？

如果第二家店的顾客也源源不断，利润自然会随之增加。但是扩张经营有可能适得其反，使顾客流失，此时，第二家店会出现亏损，同时银行的利息负担也会增加。

因此公司的盈利能力不同直接影响着新增设备投资的估值。如果像第一个例子中一样，增加的资产能够有效产生利润，这就属于“资本效率高的经营”，PBR 也会随之上升。

举一个简单的例子。假设从银行借的 300 万日元没有用于新店铺，而是购买了一辆店主用的豪车。尽管店主可以享受更舒适的出行体验，但这显然与餐厅的盈利增长无关。在这种情况下，公司的“资本效率”就会严重下降，PBR 也会逐渐下滑。

虽然这个例子简单且有些极端，但它揭示了企业经营中的一个本质问题。企业管理者的职责就是将股东提供的资本合理利用，创造利润并推动企业发展。可用的资金是有限的，因此必须将资源投入有潜力的项目，减少不必要的浪费，并做出审慎的决策。

即使是上市公司，也有可能因为因循守旧而保留低效的项目或工厂。为了保持“稳健性”，有些公司可能会过度积累现金和存款，它们通常被认为资本效率低下，其 PBR 可能会低于 1 倍。

┆专栏┆ PBR 跌破 1 倍 ＝“解散吧？”

股东权益也被称为“解散价值”，它指的是公司停止经营并解散时，股东可能会获得的金额。

我们再来看一下餐厅的简化版资产负债表（见图 3-9）。如果这家餐厅解散，将设备按账面价值 150 万日元出售，结合原有的现金和存款，卖掉后可以获得 300 万日元。还清银行贷款 100 万日元后，剩余的 200 万日元将返还给股东，这 200 万日元就相当于账面上记载的股东权益。

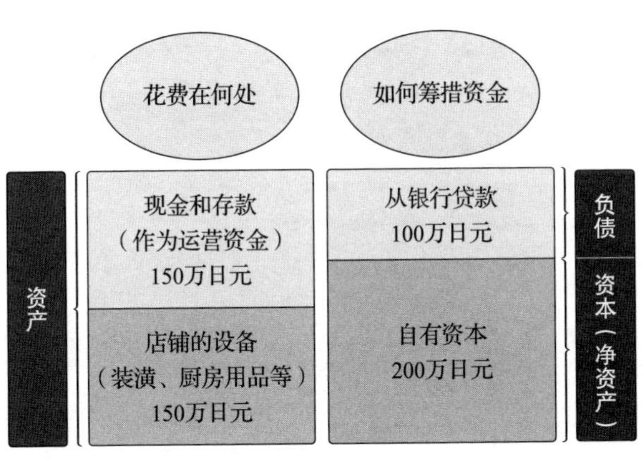

图 3-9　简化版资产负债表

如果这家餐厅的市场估值低于 200 万日元，也就是 PBR 低于 1 倍，则意味着市场对这家公司估算的“市场价值”（市值）已经低于其“解散价值”。极端一点来说，这可以理解为股东觉得“与其继续经营，不如直接解散”。

当然，按照图 3-9 的情况，账面上的“150 万日元”资产，比如一整套餐厅的厨房设备不一定能按账面价值出售，因此，实际解散时能获得的现金与账面上的资金并不完全一致。所以 PBR 低于 1 倍，并不意味着就应该解散公司，这只是账面上的一个参考值。

但 PBR 跌破 1 倍是一个有象征性的数字。实际上日本也有不少 PBR 跌破 1 倍的大公司。东京证券交易所关注到了这一问题。下面我们将讨论 2023 年东京证券交易所提出的著名的“叫停”事件。

专栏　东京证券交易所提出改善"PBR跌破1倍"现象

2023年春，东京证券交易所向上市公司发出了不同寻常的经营改善要求。其内容可以简明扼要地总结为："PBR跌破1倍的公司很多，这些公司将资本与收益有效挂钩的意识较弱。除了关注营业收入和利润，也应当清晰地把握当下的资本效率，并着手检讨和实施改进措施。"

这表示东京证券交易所敦促企业认真思考投资者期望获得怎样的回报、如何高效地利用资本。

如图3-10所示，东京证券交易所面向主要市场和标准市场的所有上市公司，从"现状分析""改进计划"和"执行"三个方面要求企业进行改善。

正如前文所述，PBR跌破1倍意味着股东认为"与其继续经营，不如直接解散"。这对于管理者来说，当然不是一个令人愉快的评价。

尽管东京证券交易所提出这一要求是极为罕见的，但我个人认为，这一行动是值得肯定的。东京证券交易所指出，日本企业的PBR和ROE与海外企业相比普遍较低，资本效率也未达到理想水平，同时在资本效率方面也存在着与股东合作不充分的情况。

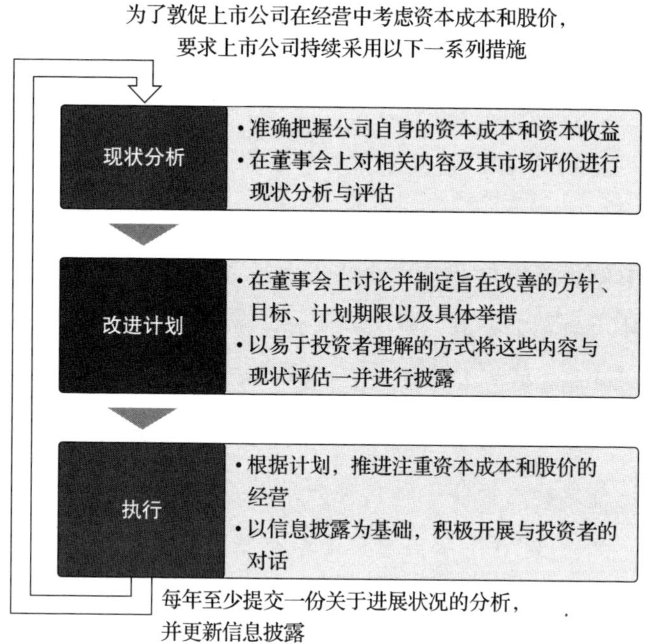

图 3-10 东京证券交易所向上市公司提出的罕见的指令

资料来源：东京证券交易所上市公司部门《关于实现关注资金成本和股价经营的要求》。

东京证券交易所发布这一要求后，媒体纷纷展开报道，更多人开始关注这一现状，例如“即使是丰田也有PBR跌破1倍的情况”“某些公司的PBR甚至低至0.5倍”等。“PBR跌破1倍的难堪”也收获了众多关注。

东京证券交易所计划从2024年开始，将公开具体改善的企业名单。这代表着那些未采取任何改进措施的企业将被提名，可以说它们要被东京证券交易所贴上“怠慢”的标签了。

随着管理层的问题意识逐渐增强，公司内部针对改进方案的探讨也可能很快被提上日程。实际上，自东京证券交易所发布要求以来，许多公司在公布财报时已开始公开它们的改进措施。

越来越多的人认为，日本企业普遍存在较强的共同体意识，当竞争对手开始推行改进措施时，其他公司也就不得松懈怠慢了。

【虫眼】市值排行榜即全球企业势力分布图

第二章介绍了日本企业的市值排名，接下来我们来看一下全球企业的排名（见图 3-11）。以全球最大的企业苹果为首的美国企业十分瞩目，有 28 家美国企业位居全球排名前 40。这代表着美国领导全球技术创新，吸引了全球范围内的投资资金。这些世界领先企业中，除了接下来要提到的科技巨头，也有像 Visa、沃尔玛、强生等传统老牌企业。

排名	企业名称	市值（万亿美元）
1	苹果	3.044
2	微软	2.781
3	沙特阿拉伯石油公司（沙特阿美）	2.132
4	Alphabet	1.699
5	亚马逊	1.523
6	英伟达	1.173
7	Meta（原Facebook）	0.855
8	特斯拉	0.775
9	伯克希尔–哈撒韦	0.771
10	礼来公司	0.568
11	Visa	0.514
12	联合健康集团	0.508
13	台积电	0.471
14	摩根大通	0.458
15	博通	0.441
16	诺和诺德	0.436
17	沃尔玛	0.406
18	酩悦·轩尼诗–路易·威登集团（LWMH）	0.400
19	埃克森美孚	0.399
20	万事达	0.387
21	腾讯	0.372
22	强生	0.372
23	三星电子	0.368
24	宝洁	0.342
25	家得宝	0.325
26	甲骨文	0.311
27	丰田	0.303
28	雀巢	0.302
29	贵州茅台	0.299
30	阿斯麦（ASML）	0.282
31	Adobe	0.278
32	雪佛龙	0.272
33	开市客	0.270
34	艾伯维	0.264
35	默克	0.263
36	欧莱雅	0.255
37	可口可乐	0.253
38	美国银行	0.245
39	赛富时	0.243
40	阿布扎比国际控股公司	0.239

图 3-11　市值全球排名前 40 的企业

资料来源：2023 年 12 月 8 日，QUICK FactSet。

市值位居全球第三位的公司是沙特阿拉伯的国家石油公司（简称沙特阿美）。此外，路易威登母公司 LVMH 近年来股价的上涨也引起了关注。

日本市值最高的丰田汽车位列全球第 27 名，是日本唯一一家常年保持在全球前 100 名的企业。虽然像索尼和基恩士等公司也偶尔出现在前 100 名，但大多数时期日本只有丰田汽车一家企业稳居前 100 名，这也反映了日本企业在全球市场上的存在感逐渐下降的问题。

【虫眼】股价是残酷的“拉锯战”的结果

在第一章中，股市被形容为“全球的智慧和资金残酷竞争的舞台”。股市里有各种各样的参与者，有些人是个人小额投资者，有些人管理着巨额的养老基金，还有些人是使用程序进行超高速交易的专业人员，每个人都想获利。

这不是一个悠闲的地方，几十年前的理论在这里毫无用武之地。常识被颠覆的瞬间资金会立刻发生变动。无论是股票价格还是汇率，其显示的都是世界各地的投资者腥风血雨、殊死搏斗的结果。

这些我将在后面详细说明，例如，经济好转股价也有可能下跌，战争爆发股价也有可能上涨。到昨天为止都还通行的逻辑现在可能完全行不通，这已然是稀松平常的。投资世界也是一个不断上演经济戏剧的舞台，而这些戏剧充满了不确定性。

与课堂上学到的经济学理论不同，你要学会如何解读每天发生在眼前的真实事件，以及如何调动你的资金。因为这是一个来自世界各地的投资者竞相角逐的残酷世界。

这也说明，这不是一个单纯的世界，你无法笼统地认为因为苹果是一家伟大的公司所以股价会持续上涨。看上去运作良好的企业，如果出现了潜在的问题或发生了突如其来的外部环境变化，就有可能迅速成为投资者的卖盘对象。相反，即便某个公司还未引起广泛关注，但有洞察力的投资者可能会提前发现其潜力，然后购买其股票。这一切既不是漂亮的场面话，也不同于课堂上学到的理论，是全球投资者在激烈的拉锯战中博弈的结果。

虽然股价和市值的数值时常剧烈波动，但只需要几个月公司的排名就会发生翻天覆地的变化。虽然这些数值不一定能准确反映公司的价值，但也是全球人才博弈的成果，同“A 公司很厉害”一类的感性言论相比，两者相去甚远。

市值排名及其变化反映了全球商业潮流的变化，是非常方便观察变化的指标。

目前为止我们列举了很多世界领先企业，如果日本企业也利用市值来和竞争企业对比的话会如何呢？为什么会拉开差距呢？仔细思考后想必会有很多发现。

【虫眼】各个衡量标准都很重要，但还有更重要的因素

我们已经学习了“股息收益率”“市盈率”和“市净率”这些常见的衡量标准，将这些标准结合起来分析企业价值是股票投资的常规方法，但除此以外还有很多衡量标准。通过吉卜力的案例我们也可以看到，有些企业的价值是无法通过这些标准来衡量的。

近年来，向个人投资者清晰地解释企业状况的重要

性不断提高。大多数企业的投资者关系（IR）网站上都会将财报说明会的资料整理得清晰易懂，便于投资者查阅。

此外，近年来很多企业发布了“综合报告书”，这类报告汇集了企业社会责任（CSR）、公司治理、知识产权等非财务信息。报告中通常还会附上企业高层的相关信息，以塑造企业形象。

主动查找一手资料，分析每个企业的问题、与竞争企业的差距，可以让我们逐渐拓宽视野，发现那些无法通过传统标准衡量的企业价值。

除了查看企业发布的资料，浏览各类新闻和专家分析也非常重要。接下来将介绍“鸟眼”和“鱼眼”，通过这两种视角的结合，可以帮助我们更立体地看待企业和经济。

“鸟眼”视角

“宏观”一词意味着“大”，是“微观”的反义词。在股市中，个别公司的动向被称为“微观”，而经济形势、物价、货币政策、财政政策等规模较大的话题则被称为“宏观”。

那么，为什么从“宏观”的视角来看问题如此重要呢？我们可以以全日空（ANA）为例进行探讨。

ANA 的盈利当然离不开自身的努力，但也深受整体经济形势的影响。比如，是否有更多的人有旅行的意愿，差旅活动是否活跃，甚至来自海外的游客也受外国经济形势的影响。如果日元贬值，来自海外的游客可能会增多，日本人出国旅游的频率则可能下降。

因此 ANA 未来的盈利和股价，不仅受到公司自身微观因素的影响，也会受到宏观经济因素的影响。如果某一天 ANA 的自身业务没有发生任何特殊变化，但汇率或美国股市发生剧烈波动，那么 ANA 的股价也会受到影响。

如果日元贬值，旅游业可能会受益，像丰田这样的出口企业的盈利也会改善。但另一方面，进口企业的成本则会上升。

正如日本的一句老话："如果大风吹起来，木桶店就会赚钱。"宏观的变化会给许多公司带来影响。

如果说，从各个角度精细地分析单个企业是"虫眼"视角，那么从经济、金融、政策等宏观的角度进行俯瞰性分析则是"鸟眼"视角。两者都是非常重要的视角。

【鸟眼】大量资金在宏观层面运作

你知道日本有多少家上市公司吗？截至 2023 年 11 月底，日本的上市公司共有 3 920 家。要对这些公司进行精细的分析，并从中挑选出有潜力的股票，实际上是不现实的。这不仅对个人投资者而言有困难，即使是对聚集了大量专家的投资机构而言也同样如此。

尤其是那些在全球范围内调动资金的投资者，要想全面进行“虫眼”分析，必然会遇到限制。因此，全球许多投资者会分析全球经济形势、货币政策、汇率等宏观因素，然后做出将多少资金投资给日本企业的决定。

如果外国投资者看好日本经济，并在几个月内大举购买数万亿日元的日本股票，哪怕个别企业的表现并不突出，各类企业的股价仍然有望上涨。实际上，近年来日本股市中就出现了类似的情况。

不仅物价上涨，工资水平也呈上涨趋势。加上外国游客的急剧增加和经济政策的实施，日本经济虽然增速缓慢，但依然保持了扩张的势头。若2024年工资上涨势头持续，消费欲望不减，那么物价可能会继续上涨，从而带动日本经济的可持续增长。

正是基于对宏观结构性变化的预期，海外投资者可能会选择集体购买日本股票。这同观察个别企业的“虫眼”视角是不一样的规律。

【鸟眼】“需要提前关注的经济指标”会变化

那么这个问题就变成了：我们应该关注哪些经济指标呢？这没有简单的答案。在教科书中，常常会把国内生产总值（GDP）作为重要的指标。GDP 能够反映一个国家或地区所创造的经济价值，非常重要且便于进行不同国家（或地区）间的经济比较。然而，在金融市场中，GDP 并不是特别受关注，因为它的发布往往较为滞后，且很少出现大幅波动。

相比之下，能够迅速反映经济形势变化的经济指标更容易引起市场的关注。例如，企业和家庭的收支情况调查被认为是经济形势的第一风向标。此外，除了传统的经济统计数据，信用卡使用情况、人员流动等基于各类大数据的新指标最近也开始受到关注。

近年来，物价问题也获得了极大的关注。自2021年起，全球发生了历史性的通货膨胀，成为各国政府和中央银行需要解决的重大经济课题。因此，每当各国发布消费价格指数（CPI）后，市场都会发生剧烈的波动。

美国的经济指标在日本市场上通常受到密切关注，原因是美国的经济情况直接影响着全球经济和金融政策。因此可以毫不夸张地说，在东京市场，比起日本的经济指标，美国的经济指标更受关注。这些都将在第四章更加详细地进行介绍，

尤其是新冠疫情后，物价和工资的变化引发了更多关注。美国的裁员和招聘的变动比日本更为频繁，这一点也立刻反映在经济形势的变化上。同时劳动力市场和物价也对货币政策的实施产生了重要影响。具体而言，美国每月初公布的就业统计数据和每月中旬发布的CPI会引起全球投资者的密切关注，有时还伴随着股市的大

幅波动。

需要注意的是，不同的时间段受到关注的经济指标不同，这些经济指标每年也都在不断变化，因此并没有一个固定的经济指标清单能让你一劳永逸。

我在 X（原 Twitter）的账户（@goto_finance）上更新了日美重要的经济指标，非常及时且简明易懂，你可以免费关注并随时查看。

尽管如此，也有一些固定的经济指标长期以来都会受到关注。美国是全球金融中心，日本股市最关注的自然也是美国的经济指标。因此下面几节将介绍几个代表性的美国经济指标。

【鸟眼】重要的美国经济指标①：美国就业统计数据

美国就业统计数据被认为是全球最受关注的经济指标之一，其结果与市场预期的差距往往会引起金融市场的剧烈波动。然而在欧洲和日本，就业统计数据并没有受到同等的关注。为什么美国就业统计数据会如此重要呢？我认为主要有四个原因。

原因一：高时效性。

美国通常在每月的第一个星期五公布前一个月的就业统计数据。与 GDP 等其他经济指标相比时效性更强，通过其能够更迅速地把握美国经济形势的现状和变化。

原因二：就业状况是美国经济形势的一面镜子。

在美国，当经济形势恶化时，裁员急剧增加，而当经济复苏时，雇用机会会迅速增多。相比日本，美国的就业市场虽好坏参半，但流动性更强。

2020 年 4 月，当新冠疫情肆虐之时，美国有超过 2 000 万人失业，而到了 2022 年 6 月，雇用人数已超过疫情前的水平。美国就业市场的这种剧烈波动性是日本无法相比的。就业市场的波动对个人消费和企业盈利有着巨大影响，这也是就业统计数据备受关注的重要原因。

原因三：“最大化就业”是美国联邦储备委员会（FRB，简称美联储）的使命。

第四章也会详细说明，FRB 的货币政策目标包括“物价稳定”和“最大化就业”。美国的货币政策影响着全球金融市场和全球经济，而制定这一政策的依据之一就是就业统计数据。

与日本等其他国家的中央银行不同，FRB 更重视就业情况的变化。正如原因二所述，美国的就业波动较大，从社会稳定的角度来看，FRB 更需要关注这些变化。

原因四：与通货膨胀直接挂钩。

刚刚提及了 FRB 的两大目标是“物价稳定”和“最大化就业”，而就业统计数据会直接影响物价的稳定。如果劳动力市场紧张，工资上涨的压力会增加。工资上涨会推动消费欲望的增加，进而容易造成物价上涨。人力成本上涨时，商家有时不得不将这一成本转嫁到售价上。因此，劳动力不足的问题会从需求和供应两端加剧通货膨胀。

尽管就业和工资的改善对劳动者来说是好消息，但在疫情之后，急剧的通货膨胀演变成了社会问题。如果工资增长势头过猛，就可能导致通货膨胀难以有效控制，这也使得就业统计数据的评估变得些许复杂起来。

最后，就业统计数据有时也是“因为受关注而更受关注”。每月初的美国就业统计数据发布已经成为金融市场的一个固定节目，众人的关注往往会吸引更多的目光。在数据发布之前，众人静观其变，市场情绪谨慎，而发布之后，股市常常会经历剧烈的波动。这种“因为受关注而更受关注”的现象，虽然看似有些奇怪，但却是市场的特性。

【鸟眼】重要的美国经济指标②：CPI

美国的通货膨胀指标中，最受关注的就是 CPI。在 2020 年之前，CPI 并未成为热门话题，但如今它已成为全球最为关注的经济指标之一。CPI 究竟为什么如此重要？通过图 3-12 就可以明白了。

第四章中也将详细介绍，FRB 执行的货币政策的目标是将物价上涨率维持在 2% 左右。新冠疫情之前，到 2020 年春季为止，尽管略有波动，但物价上涨率几乎都保持在2%左右，这意味着FRB的物价目标几乎得以实现，货币政策和金融市场也相对稳定。

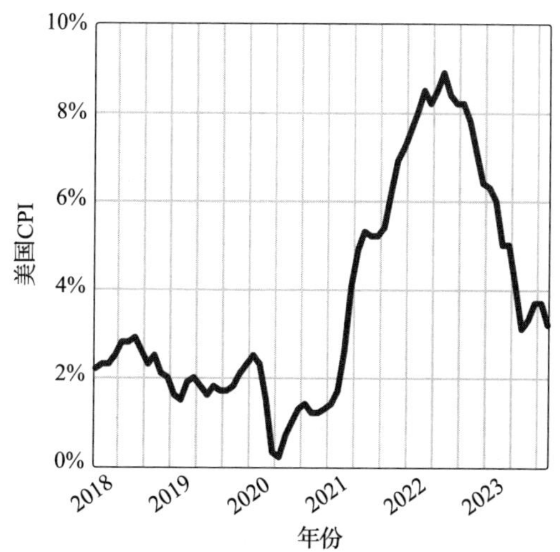

图 3-12 创纪录的通货膨胀席卷美国

资料来源：美国劳工部，同比。

然而，从2021年开始，通货膨胀压力骤然加大，2022年出现了历史性的通货膨胀。供应链混乱、疫情后的经济变化等因素叠加在一起，引发了难以预料的经济波动，实际结果和经济学家的预测出现了很大偏差。

CPI的发布对FRB的加息预期产生了重大影响，随后长期利率、汇率以及股市也产生了波动。急剧的通货膨胀也引发了民众的焦虑和不满。对美国的拜登政府来说，控制通货膨胀已成为经济政策层面亟待解决的问题。物价走势影响了财政刺激等一系列经济政策，并且最终影响了整体经济形势和股市表现。

CPI 主要有两类：一类是包括所有商品和服务价格变动的“综合 CPI”；另一类是去除食品和能源后的“核心 CPI”。因为食品和能源的价格波动较大，去除这两项后，能更容易地把握物价趋势。

在美国的物价指数中，有 CPI 和 PCE（个人消费支出）两个代表性指标。虽然市场更关注 CPI，但 FRB 更重视的是 PCE。两者的差异通过图 3-13 即可一目了然。

CPI	PCE
下一个月中旬发布=早	下一个月下旬发布
城市家庭调查	全美零售数据
住房、食品、汽油影响大	去除食品和能源的影响，是比CPI更全面的指标
有比PCE高的倾向	FRB重视

图 3-13　CPI 和 PCE

市场之所以更关注 CPI，主要是因为它比 PCE 更早发布。通过 CPI 的走势，更容易预测 PCE 的变化，这也使得 PCE 在发布时出现意外的概率较小。

从数据来源来看，CPI 来源于城市家庭调查，而 PCE 则基于全美零售数据，因此两者关注的品类有所不同。同时两者的计算方式也不同，CPI 的数值通常较 PCE 更高，因此 FRB 更看重 PCE。比起城市家庭调查，全美零售数据的范围更广更全面。FRB 公布的四季度通胀预期也基于 PCE。此外，FRB 的 2% 的物价目标也是针对 PCE 的。也就是说，如果能把 PCE 稳定在 2% 左右，FRB 可能会放松货币政策。

关于核心 CPI 与核心 PCE 走势关系的示意图，如图 3-14 所示。

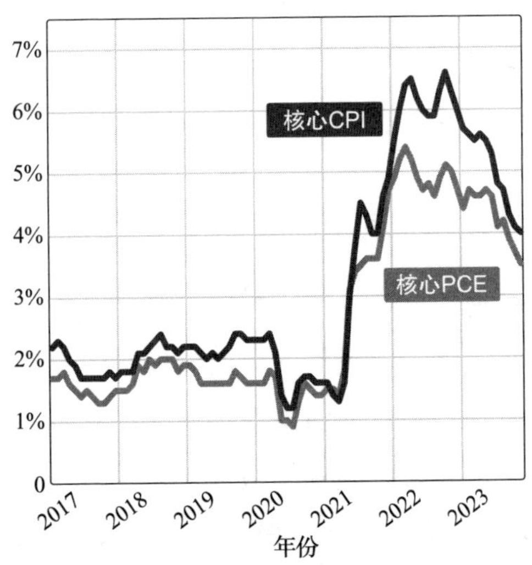

图 3-14　核心 CPI 和核心 PCE

资料来源：美国劳工部、商务部，2017 年 1 月至 2023 年 11 月。

【鸟眼】重要的美国经济指标③：ISM 指数

企业或商店经营者的"肌肉记忆"通常能最快感知到经济变化，这是大多数人都可以理解的。在每月一次的定期调查中，通过询问主要企业的商业活动并加以量化得出的就是 ISM 制造业指数和 ISM 非制造业指数。

2020 年春季，受疫情影响，美国经济出现急速下滑。但随后，通过财政刺激和货币宽松政策，经济迅速得以恢复，ISM数据生动地展示了这一过程。从2021年年底起，受通货膨胀和加息影响，经济增速放缓、“经济衰退的忧虑”等问题都在数据中有所体现。在众多的经济指标中，ISM指数也是能够清晰反映经济运行趋势的很好的统计数据。

ISM指数还包括“物流延迟”和“采购价格”等非常有用的项目。例如，“供应链混乱”的现象历史上前所未有，经济学家很难准确预测这一现象何时以及如何有所改善，但通过ISM指数的“物流延迟”指数，可以清楚地看到这一状况的变化。

ISM指数不仅提供各项指数，还包含企业的评论。在经济形势尚不明朗时，这些评论也是非常宝贵的参考依据。

此外，FRB每年会发布8次《美国全国经济形势调查报告》（也称“褐皮书”），这是由全国各地的FRB工作人员进行访问调查，并结合实际情况和各种故事制成的报告。

报告内容丰富，虽然阅读起来有些费劲，但它会影响你对美国货币政策的判断。我也时常在note平台上将报告的重点用日语总结出来，以供大家参考。

专栏 市场预期是什么

你是否在经济指标新闻中听到过“大大超出市场预期”的说法？这种“市场预期”指的是民间金融机构或智库的经济学家做出的事前预测的平均值。

经济学家会根据发布前的各种数据和分析对即将发布的数据进行预测，如果经济指标发布的结果与市场预期相符，那么经济走势通常就会符合大多数人的预期，对股市的影响也较小；如果与市场预期相差较大，就可能出现“经济朝着与预期不同的方向发展”的情形，这时股价和汇率可能会出现大幅波动。

自2020年以来，由于疫情冲击、新型经济政策以及供应链混乱等因素，经济指标的数值波动异常剧烈。这些都是从未发生过的情况，因此精准的预测变得更加困难，经济数据发布也因此逐渐成为一场重要的活动。

负责美国货币政策的FRB即便拥有众多优秀的经济学家，也严重误判了2021—2022年的物价走势。

【鸟眼】利用替代数据提高经济预测的准确性

近年来，“替代数据”（alternative data）一词逐渐在金融市场中广为人知。不同于“经济指标”传统的经济数据，“替代数据”是大量收集那些之前未被重视的数据，从中得到新的发现和预测，进而用于投资决策。

替代数据的应用在疫情期间得到了广泛推广。例如，美国的网上订餐平台 OpenTable，每天收集并公布全美各州餐厅预订量的数据，并与上一年同期的数据进行对比。餐厅的营业情况能很好地反映疫情期间的外出活动，这些数据非常具有时效性，因此被媒体广泛用于报道中。

此外，新冠疫情期间 OpenTable 的数据甚至可以作为美国就业统计数据的先行指标，且准确性较高，许多经济学家也开始将其用于经济预测。

这样的例子近几年越来越多。代表性的有通过大量收集店铺销售、交通流量等数据以跟踪人和物的流动。另外，社交媒体上发布的内容也可以转化为数据并加以分析，从而捕捉社会变化的趋势。

同 OpenTable 一样，利用替代数据捕捉社会变化的趋势可以大大提高经济预测的准确性，特别是对对冲基金等专业投资者而言，替代数据的应用需求在不断增加。

从“虫眼”到“鸟眼”：用俯瞰视角捕捉日常琐碎的新闻

我们先通过一篇新闻来思考一下。

2023 年 10 月《日本经济新闻》报道，三得利集团表示将在 2024 年实施 7% 左右的加薪，其中也包括工资标准的提升，与上一年的涨薪幅度大致相当。

看到这则新闻，许多人可能会想：“三得利真厉害”“我们公司可能不会加薪那么多”。但实际上，经济是各种因素相互作用的结果，一个新闻可能与很多方面都有联系，所以重要的是要了解并运用这一经济运行机制。

三得利是一家拥有强大品牌力和高收益能力的企业，加薪可能只属于单个企业的举措。但新浪刚史社长表示，企业加薪不仅是回应物价上涨给员工带来的压力，也意味着要让他们早早意识到涨薪的含义，即通货膨胀不是暂时的，未来可能会在 2% ～ 3% 的基准上持续上升。因此具备危机意识的三得利采取了确保员工利益的行动。

同时，新浪刚史社长作为经济同友会的高层，是商业影响力较大的领导者。此次三得利的经营方针被《日本经济新闻》重点报道，很多企业的管理层也都知道了这件事。

“如果不加薪，就可能在员工招聘中处于劣势”的想法可能也在其他企业扩散开来。同时加薪事件也可能会成为其他企业劳资谈判的重要话题。

如果更多企业实施加薪，就能促进个人消费，物价和工资的双重上涨可能对日本银行的货币政策产生重要影响。因此看似只是关于三得利的一则新闻，但实际上可能会在各个领域掀起风波。

再比如说，朋友之间的杂谈可能也有经济新闻的影子，例如，“餐馆人手不足”“对投资丝毫不感兴趣的朋友谈论新 NISA”，这些看似普通的对话，也许反映了当前全球的经济动向。所以，关注一直以来被忽视的话题和数据也是很重要的。

【鱼眼】股价由供需决定

第三个是“供需”，也就是“鱼眼”。

有些突然，但是我们来谈谈温泉旅馆住宿费的话题。日本黄金周和盂兰盆节休假期间，住宿费用会大幅上涨。连休期间，旅馆的料理质量和房间档次并没有变化，但住宿费有时会比平时高出两倍以上。这是因为需求急剧增加了。

2023年，由于外国游客的增加，住宿费一度飙升，令人吃惊。相反，在疫情管控比较严格的时期，即便价格非常便宜，很多旅馆的房间仍有空置。

股价的变化也有类似的地方。同温泉旅馆一样，公司自身几乎并没有变化，但如果有意愿购买该公司股票的人数变动，股价就会大幅波动。

例如，随着NISA政策的扩大，如果开始投资的人突然增多，那么买盘就会增加，因此股价的上涨有时可能与公司自身实力无关。反之，如果美国发生了某些事件，外国投资者开始恐慌性地抛售日本股票，股价就会下跌。

商品的价格和股价都是由供需（即“供需平衡”）决定的。这种供需的变化，有时可以通过像NISA这样的政策因素来解释，有时也可以通过社会的整体氛围来感知。

虽然有“虫眼”“鸟眼”和“鱼眼”三个视角，但这三者是紧密相连的。东京证券交易所对资本效率的改善要求具有政策上的意义，因此可以看作是“鸟眼＝宏观”，由于个别公司正在采取应对措施，这又是“虫眼＝微观”。

如果这个话题受到了广泛关注，股市买盘的动向增强，这就形成了“鱼眼 = 供需”。

丰富的新闻和数据在各处都有联系。我们不能孤立地看待每一个事件，而是要结合“虫眼”“鸟眼”“鱼眼”来分析社会动态，这样就能更加全面地理解股市的波动。

【鱼眼】想买的人多吗

同温泉旅馆的案例一样，公司自身几乎并没有变化，但如果有意愿购买的人数变动，股价就会大幅波动。那么“有意愿购买的人增加”在股市上代表着什么意思呢？

从宏观层面来看，关键在于“资金总量”和“情绪（即心理）”这两点。

“资金总量”就像是温泉旅馆一例中的客人数量。如果外国游客大量涌入，即使国内游客数量没有变化，房间预订也会变得更加困难，住宿费也会上涨。同样，如果市场整体或经济整体的资金量增加，股价就容易上涨，反之亦然。

接下来是“情绪（心理）”。比如，泡沫经济时期整个社会处于极度乐观的状态时，人们会不顾一切地去买股票。相反，新冠疫情初期，社会上充斥着不可名状的不安感时，投资者情绪紧张，更多的人会选择抛售股票。

因此，股价有时会产生与公司自身因素无直接关联的剧烈波动。所以投资者不能只集中于自己投资的公司，还需要关注其他外部因素。

下一节将更详细地探讨“资金总量”这一话题。

【鱼眼】整体资金总量增加时会流向投资市场

“资金”这个词有很多种用法。要计算全球资金总量有多少，实际上有很多指标，并没有一个统一的标准答案。在这些指标中，“货币供应量”是一个比较常用的指标。简单来说，货币供应量是指一个国家整体现金和存款的总和，可以理解为流通在民间的资金总量。

从影响股票市场的角度来看，资金总量可以视为进入投资市场的本金。如果总量增加，那么流入股市的资金也应该相应增加。

图 3-15 和图 3-16 展示的是日本和美国的货币供应量。通常情况下，我们会看到货币供应量基本呈现出持续增长的趋势。

货币总量受到政府财政支出、银行贷款以及各种经济活动的影响。因篇幅有限，无法详细地解释清楚这些机制，所以暂且忍痛割爱了。但唯一需要注意的是 2020 年以后美国货币供应量的变化，自 2020 年 3 月起美国货币总量急剧增加。

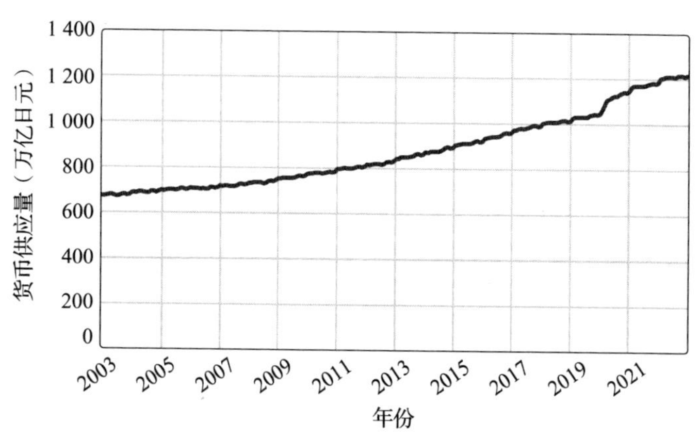

图 3-15 日本的货币供应量

资料来源：日本银行。

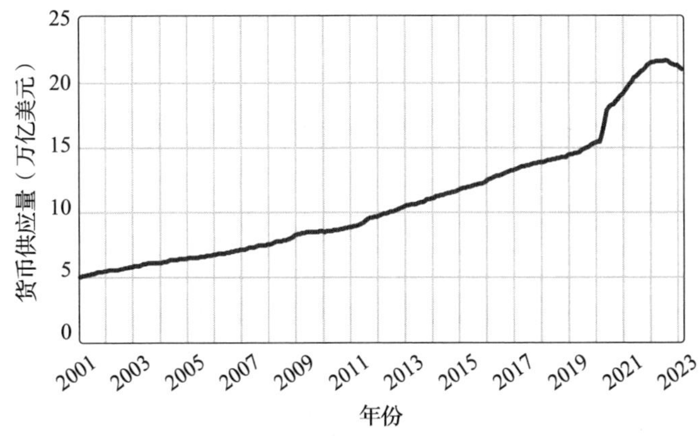

图 3-16 美国的货币供应量

资料来源：FRB.

这背后有几个原因。一个原因是，新冠疫情期间美国政府实施了大规模的财政支出政策，例如向民众发放现金补贴等。政府把资金分给民间后，民间的资金量自然增加。据说当时年轻人将手中资金的一部分投向了美国股市。另一个重要原因是，美国中央银行 FRB 实施了大规模的货币宽松政策。

关于货币政策的具体内容将在第四章详细讨论，但简单来说，为了应对新冠疫情造成的冲击，支撑经济和金融的发展，FRB 一口气将利率降至接近零，并大规模购买国债，向市场注入资金。这使得银行向民间企业贷款更加容易，资金流动加速，从而推动了资金增加。

当然，资金的使用方式多种多样，且资金流动非常复杂，不可能全部流向股市。但可以肯定的是，货币的急剧增加使得资金更容易流入股市，从而成为股价上涨的一个重要因素。

然而，到了2022年，政府的疫情应对措施逐渐结束，货币宽松政策也进入了收缩阶段。结果之前急剧增加的货币总量开始出现下降，股市也面临了逆风。

尽管如此，有一点需要注意：虽然用于股票投资资金的增速放缓，但以余额来看，当前的资金量远远超过了疫情前的水平。因此，流向股市的本金依然非常充裕。

【鱼眼】市场情绪左右股市

即使有大量本金流向股市，但最终决定是否投资股票的还是投资者。“可以投资股票”“想投资股票”，这些市场情绪是影响股价的重要因素。

举个例子，“泡沫”是指许多人对市场过度乐观、极端看涨的情绪。此时，即便企业或经济的基本面没有那么强劲，市场的预期往往也会过于高涨，股价随之不断攀升。当股价居高不下时，一些人可能会想："我也得赶紧买，否则就错过了""虽然现在有点贵，但可能还会上涨，不如先买一点"。如此一来，就形成了"买入吸引买入"的局面。

与之相对，泡沫破裂后市场可能会陷入普遍悲观的情绪中。经济形势和企业业绩也会产生周期性波动。

投资者并不能精准地判断经济的现状和未来走势。市场情绪中混杂了臆想、期待等各种各样的想法，并且与经济的实际情况有所偏离，因此有时会产生剧烈的波动。

虽然泡沫和整体悲观是比较极端的例子，但是无论何时市场情绪都是处于波动之中的。在经济复苏的过程中，也会出现不同的看法："未来会持续强劲复苏""有一些不安的迹象"，等等。短短几天之内，市场情绪也可能发生剧烈变化。

不断变化的市场情绪是每日股市波动的主要原因。企业的基本面不会在一天之内发生剧烈变化，但股价可能每天都在波动，甚至在一天内波动几个百分点也并不罕见。

【鱼眼】“牛市在悲观中诞生”

20世纪著名投资者约翰·邓普顿（John Templeton）有句名言：“牛市在悲观中诞生，在怀疑中成长，在乐观中成熟，在狂热中消亡。”

许多资深投资者都喜欢这句名言，我自己也常常在关键时刻感悟到这句话的深刻含义。市场的波动分为四个阶段：悲观、怀疑、乐观、狂热。回顾新冠疫情后的市场可以发现它与这四个阶段非常契合。

2020 年 3 月，当新冠疫情迅速蔓延时，股市经历了历史性的暴跌。新型病毒和封锁措施导致投资者和民众陷入恐慌，纷纷抛售股票，股价一泻千里，跟风急于卖出股票的投资者如同多米诺骨牌倒下一样接连不断地涌现。

但现在回顾时发现，那时正处于股市的底部。

固然新冠疫情对经济、社会和民众的生活造成了巨大的影响，但只要世界局势没有进一步恶化，股价就不容易继续下跌。相反，即使形势不佳，但只要方向有所转变，出现“情况可能比预期稍微好转”的信号，股市就会迅速上涨。

到了 2020 年，强有力的经济政策和货币宽松政策使得股市从春季起大幅回升，甚至在夏季时超越了疫情前的水平。这正是“牛市在悲观中诞生”的典型例子。当悲观情绪蔓延全球时，几乎没有人愿意买入股票。但最终还是会有买家出现，股价也会开始上涨。股市触底，使得悲观情绪极端化这一些许讽刺的局面诞生了。悲观情绪蔓延，股市急剧下跌并且触底，这就是“恐慌性抛售”。在这种悲观情绪后，自然也就会出现“也许情况并没有那么坏”的怀疑情绪。

“在乐观中成熟，在狂热中消亡”这句话也十分巧妙。

2021年，美国股市几乎每天都在刷新历史最高纪录。经济政策、FRB的货币宽松政策、经济重启的预期以及GAFAM（谷歌、苹果、Facebook、亚马逊、微软）的创新成果层出不穷。

但市场情绪会像钟摆一样过度起伏，容易出现相反的效果。以通货膨胀无法抑制的环境变化为起点，宽松政策无法持续，这时市场恐慌情绪将再次上升，产生相反的效果。因此从2022年年初开始，股市显著下跌，这也正是“在狂热中消亡”的体现。

当悲观情绪在2023年年初达到了极点时，股市又一次触底反弹，开始上涨。

通常只有在回顾时才能看清这些市场的波动。如果悲观情绪愈演愈烈，即便到了购买股票的好时机，悲观情绪也可能会持续一段时间。

但无论如何，在股市中，“大家都在买，我也要买”或“大家都持悲观情绪，我也赶紧卖掉”的盲目从众心理是不可取的。我个人认为，应当目光长远，冷静观察市场的乐观与悲观情绪，理性对待股市的涨跌。

【鱼眼】恐慌情绪的晴雨表：VIX

衡量投资者恐慌感和狂热感等市场情绪的指标中，最常用的是 VIX，也称“恐慌指数”。标普 500 指数在未来一个月内可能波动的幅度反映了投资者的预期，VIX 就是将其量化的结果，如图 3-17 所示。关于 VIX 的具体计算方法在此不做展开，但它主要是通过“期权”这一应对股价大幅波动的保险性金融产品的交易情况推测市场的“恐慌感”的。

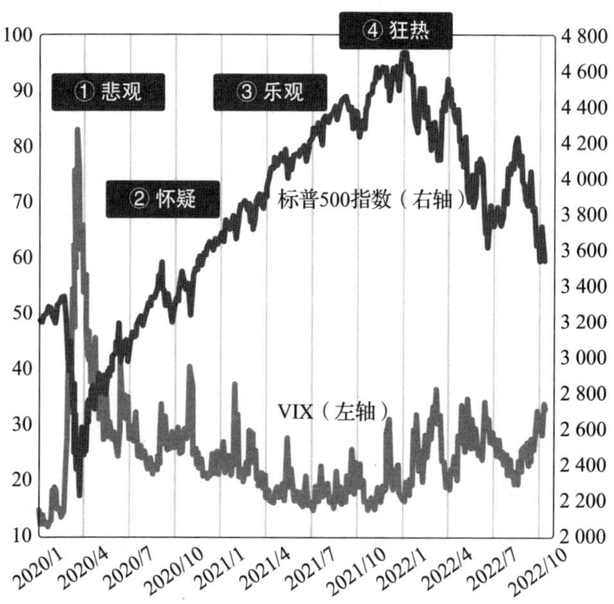

图 3-17 标普 500 指数和 VIX

资料来源：QUICK FactSet.

举例来说，当越来越多的人认为“股市可能会急剧下跌”时，VIX 会升高；当人们普遍认为“股市可能会急剧上涨”时，VIX 则会降低。需要注意的是，“股市急剧下跌”通常比“股市急剧上涨”更容易发生。因此，VIX 的上升往往预示着股市下跌的风险增加，这也是 VIX 被称为“恐慌指数”的原因。

在过去几年里，当VIX低于20时，市场环境由乐观情绪主导，这时股市上涨的可能性较大。而当VIX超过30时，市场中的戒心会增强，股市可能会下跌。

那么，当VIX低于20时，是否就应该买入股票呢？其实并没有那么简单。

VIX长期低于20往往意味着股市上涨的可能性大，但这也可能伴随着过度乐观的情绪，导致股市过热。现实生活中也同样如此，当人们过于自信、忽视警惕或承担过多风险时，可能会付出代价。

实际上，当VIX长期低于20时，过度乐观的情绪积聚，可能会导致后续出现反弹的情况。

2021年，随着美国出台货币宽松和财政刺激政策，乐观情绪高涨，股市几乎连日创新高，VIX也一直低于20。但到了2022年，随着通货膨胀加剧和加息压力，形势出现反转，2021年牛市的反作用力使得股市大幅下跌。

有时我们需要乘上乐观情绪的“快车”，但也需要对过度的乐观保持警惕。现实也向我们展现了这一难处。

【鱼眼】投资者有多种类型

市场上参与的投资者种类繁多，既有个人小额投资者，也有能够调动数万亿日元资金的基金。个人投资者以外的投资者通常被称为机构投资者，机构投资者本身也有很多种类，包括养老金、投资信托、政府基金、对冲基金、金融机构、企业等，同时养老金和投资信托各自的投资策略也有所不同。

同样，个人投资者也可以分为多种类型。比如有人专注于日内交易，抓住一天内股价小幅波动的机会赚取差价，但也有人频繁交易。还有波段交易者，他们会根据几天内的市场走势进行操作，还有一些投资者会持有股票几周或几个月，调整自己的投资组合，甚至还有投资者买入后持股数十年。

每个投资者的年龄、资产规模都不同，家庭结构还会决定他们未来需要花费的金额。“有想在短期内迅速增加资产”的投资者，也有“为了几十年后过上安稳的退休生活而提前增加资产”的投资者。

从这些不同类型的投资者出发，可以得出一个重要的结论：市场不会一直单向偏离。比如，当市场受到某种打击时，试图在短期内获利的投资者可能会因恐慌而急于抛售股票，这时其他投资者也可能跟随卖出。但对于那些打算长期投资的人来说，他们可能并不会急于抛售，反而认为股价的长期下跌是一个买入机会。

无论是股价上涨还是下跌，市场有时都会出现过度反应，当越来越多的投资者认为市场已经偏离了合理的价格并进行反向交易时，股市的趋势也会随之改变。正是基于这样的背景，上一节我才会提醒大家要警惕过度乐观或悲观的情绪。

【鱼眼】日本股的主力：外国投资者

自 2023 年春季以来，关于“外国投资者”的话题在日本股市中频频出现。外国投资者在短短几个月内就大规模购买了日本股票，成为股价急剧上涨的主力。

这一现象的背景有几个因素：

（1）东京证券交易所要求提高资本效率。

（2）日本银行继续实施货币宽松政策。

（3）日本国内的工资上涨和经济复苏预期。

（4）2024年起NISA制度扩展，个人投资者的流入增加。

那么，实际情况是，日本股票的持有者到底是谁呢？如果按投资者类型大致进行分组，外国人持有日本股票的份额超过30%，远远超过了个人投资者的持股比例（见图3-18）。而日本企业向股东支付的股息中，也有约30%流向了外国投资者。

	持有额（万亿日元）	份额（%）
外国人	216	31
企业法人	167	20
个人	153	18
投资信托（包含日本银行ETF）	91	11
养老金	88	10
其他（保险、银行等）	83	10

图3-18 谁在持有日本股票

资料来源：日本银行，截至2023年6月底。

接下来是过去的20年间，外国投资者在日本股市的净买入和净卖出情况（见图3-19）。值得注意的是，

“净买入”是指在一定时间内买入的金额或数量超过卖出的金额或数量，而“净卖出”则相反。

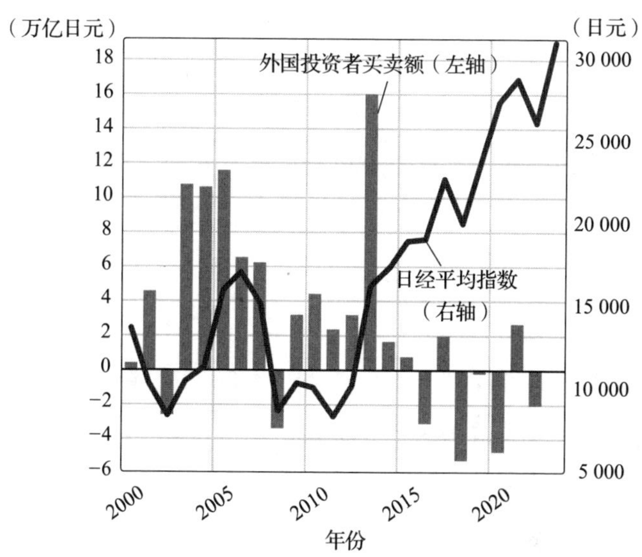

图 3-19　外国投资者和日本股票

资料来源：日本银行。

从图 3-19 中来看，在过去的 20 年里，外国投资者买入的情况非常明显，尤其是在 2003—2005 年以及 2013—2014 年这两个时期。到 2003 年春为止，日经平均指数曾一度下跌至 7 607 点，市场低迷。然而，随着银行实施支援政策，情绪由悲观转向乐观。2005 年，由于小泉政府的邮政改革，外国投资者对日本经济结构性改革抱有期待，对日本股票的买入增加。

2013 年是“安倍经济学”时期。当时日本股市仍处于低迷状态。由于包括政策反作用在内的一系列影响，海外资本大量涌入，股市迅速上涨。从日经平均指数走势图来看，外国投资者对市场的推动作用十分明显。

不过，自 2015 年起，日本银行成为市场的主要买家，外国投资者的影响力似乎有所减弱。然而，自 2021 年起，日本银行减少了买入股票的规模，导致市场缺少了强大的买方支持。在此背景下，2023 年春季，外国投资者重新成为市场的重要买家。

目前还无法预测这股外国资金流入的趋势能否持续，但是外国投资者在全球范围内管理着庞大的资金，并且将其中一部分投入了日本股市。即使日本国内出现“股价是不是有点太高了”的声音，但资金依然可能涌入，推动股价的持续上涨。

反之，如果外国资金开始撤出，日本股市也有可能出现长期低迷的情况。毕竟，外国投资者在日本股市的交易额占到了约七成，他们的操作往往会大幅改变市场趋势。

【鱼眼】个人资金的潜力：新 NISA 的影响

日本人的个人金融资产总额约为 2 040 万亿日元。根据图 3-20 可知，其中超过一半是现金和存款。过去 20 年，上市股票和投资信托的比例有所上升，但它们仍然只占整体的 10% 左右。相比之下，美国的“现金和存款”与“股票、投资信托”的比例几乎是倒过来的。虽然这并不是说美国的情况更好，但可以看出日本是一个非常偏爱存款的国家。

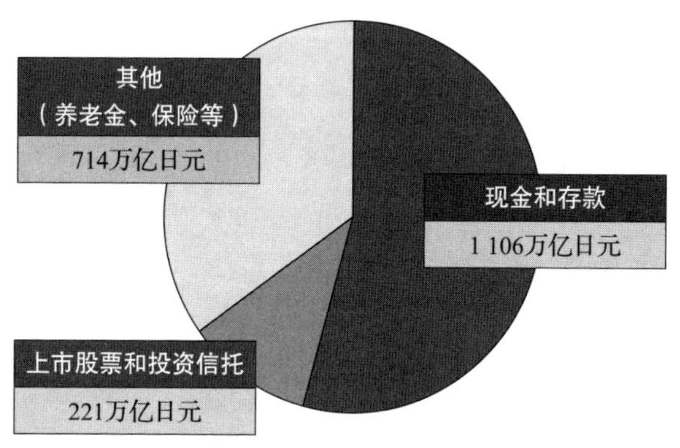

图 3-20　个人金融资产

资料来源：日本银行，截至 2023 年 3 月底。

那么，日本个人投资者到底在过去购买了多少股票和投资信托呢？图 3-21 展示了每年“买入金额”与“卖出金额”的差额。如果柱状图向上，则表示买入多于卖出。图中显示，近年来投资信托相对较高。随着 NISA 和 iDeCo[㊀]等政策的普及，越来越多的人开始通过定投来购买投资信托。

截至 2020 年，日本个人投资者一直处于卖出股票的状态。一般来说，当股市上涨时，个人投资者倾向于进行获利了结。然而在 2021—2022 年度，开始转为买入。可以看出，个人投资者对股票和投资信托的投资兴趣正逐渐增加。

㊀ 日本养老金分为 NISA（个人免税储蓄账户）和 iDeCo（个人缴费确定型养老金）两种。——译者注

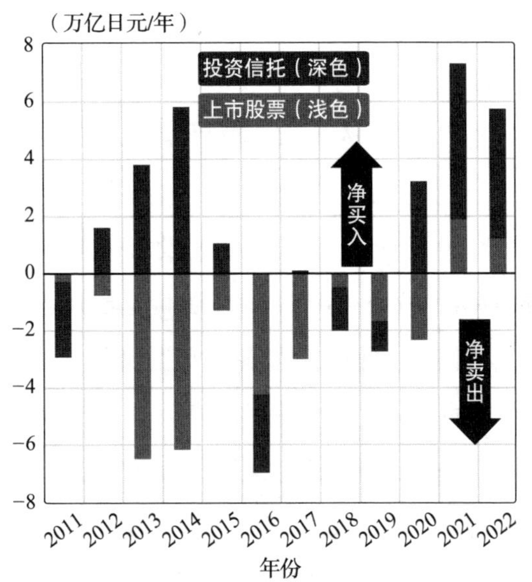

图 3-21　个人的上市股票、投资信托交易情况

资料来源：日本银行。

随着新 NISA 的推出，越来越多的个人投资者开始涉足投资，个人资金流入股票和投资信托的势头可能会进一步增强。日本目前有大约 1 106 万亿日元的现金和存款，如果其中 1% 的资金流入股票和投资信托，那就是 11 万亿日元的资金流入，这是一笔非常巨大的资金。

为了理解这一规模，我们可以回顾一下 2023 年外国投资者的交易动向。在 4—6 月，日本股市经历了历史性的增长，这主要得益于外国投资者的买入。在这几个月里，外国投资者的净买入额约为6万亿日元，这6万亿日元的资金推动了日本股市的上涨。而如果个人的现金和存款有1%流入股市，就可能带来11万亿日元的资金流入。这显示了个人资金的巨大潜力。

在2020年之前，日本的个人投资者倾向于卖出股票，这可能是因为长期投资者在股价上涨过程中选择了获利了结。未来这种模式可能会发生变化。最近，越来越多的人开始表示："我一直没有投资过，现在是时候开始了。"许多人开始定期少量投资美国股市和日本股市。与传统的个人投资者不同，这些新投资者可能不会因为股市上涨而立即"卖出"，他们更倾向于长期持有，并逐步增加投资。

这种趋势不仅可能推动股市上涨，还可能带来日元贬值的压力。近年来，标普500指数和全球股票的投资信托在个人投资者中非常受欢迎。购买这些投资信托，实际上就是将日元兑换成外币，再投资于外国股票（除非采取了汇率对冲）。由于美元等外币的利率较高，越来越多的个人投资者将资金转向美元定期存款等海外资产。如果个人投资者更倾向于购买外国股票投资信托作为对日元贬值的对冲，或者为了分享全球经济增长的红利，那么这可能造成日元持续贬值的压力。

┆专栏┆个人资金的变化：身边的小启发

随着新NISA的启动，关于个人资金将如何流动的讨论变得越来越激烈。因为“那些以前没有投资的人是否开始行动”实际上是把握股市和汇率未来走势的重要线索。

然而，精确的预测是非常困难的。像新NISA这样大幅扩展的政策以前从未出现过，这可能会引发一波强烈的投资热潮，也有可能过一段时间后大家又会觉得：“果然日本人对投资还是很谨慎啊……”

不过，我们可以从身边一些小的动向中得到意外的启发。比如，曾经对投资持谨慎态度的家人和朋友是否有所改变？电视、书店、社交媒体以及现场举办的投资讲座是否在新NISA的影响下反响更加热烈？这些小细节有可能反映出社会整体的投资热情。

电视台对收视率非常敏感，如果一个话题能够引起公众的广泛关注，它们往往会反复播放。书店也会通过陈设展示热门图书。如果电视和书店在新NISA的宣传方面投入了较长时间，那么也许就能更加充分地展现个人资金的潜力。相反，如果电视和书店对新NISA的报道减少，那么这可能意味着投资热潮正在降温。股市和汇率的未来走势或许就隐藏在这些变化之中。

“重叠的三种视角”

股市常被形容为“映射森罗万象的镜子”，这意味着“股价为什么会波动”这个问题的解释非常复杂且难以捉摸。尽管如此，我们不能因为“难以解释”就对其置之不理。因此，我尝试从“虫眼”“鸟眼”和“鱼眼”这三个视角来解释股市的动向。

不过，这种解释并非万无一失。有时这三个视角会重叠，股价的波动无法仅用这三者来解释。重要的是，在掌握了本章所阐述的基本视角的同时，还要能够灵活多视角地接触和理解经济新闻。

下一章，我们将焦点转向本书多次提到的“中央银行”。中央银行对于股价和汇率的波动至关重要，尤其在近几年，中央银行的作用和重要性急剧上升。此外，中央银行的决策还会对宏观经济以及我们的日常生活产生深远影响。

理解中央银行的运作，对于每一位商务人士来说，都是非常重要的知识。那么在第四章中，我们将更深入地探讨这个话题。

第四章 中央银行是金融市场的心脏

中央银行成为普通市民的关注焦点

写这一章时，我感到犹豫不决。

究其原因，就是是否应该把这一部分单独成章。

不论是从经济的角度来看，还是从投资的角度来看，中央银行都极为重要，但它确实有些棘手。

如果“中央银行”单独成章，可能就会让人觉得“哇，好像很难懂”，然后对这一知识敬而远之。

但我最终还是决定这么做。这是因为近年来，中央银行的重要性飞跃式地提高了，并且带动了个人投资者甚至普通民众的关注。

实际上，许多对经济不太关心的人，在近几年也会时常听到“通货膨胀”“加息”“日元贬值”“日本银行总裁……”等相关新闻。

日本的中央银行——日本银行也是如此，美国的中央银行——美联储近几年也收获了史上最高的关注度。不了解中央银行，经济和投资的世界就无从谈起。

在这一章，我将从最基础的内容讲起，力求在调动你兴趣的同时，让你了解当前新闻的意义，从而走入经济和投资的世界。不过，如果讲得过于深入和专业，可能会让许多人失去兴趣。因此，我将尽量保持难度和内容的平衡，精心组织每一段文字。

对于之前就对中央银行不感兴趣的人来说，如果能够让他们顺畅地读到这一章的最后，那么我认为这一章就是成功的。

首先，让我们从介绍中央银行的作用开始。

“发行纸币”是一个易于理解的工作，但是……

提到日本银行，大家最熟悉的可能是纸币。比如，发行 1 万日元纸币，通过与民间银行的交易实现纸币的流通。纸币的发行和流通是中央银行的核心任务之一，但除此之外，它还有许多复杂的业务。

货币政策、国际谈判、银行监管、为基础设施建设提供资金、调查与研究……这些业务看起来都很复杂，用我的话来说就是：“为国民提供更加便利的经济生活，营造良好的金融环境。”

虽然中央银行确实在发行纸币，但如果这些纸币的价值（即物价）剧烈波动或者货币分配不均，那将会非常麻烦。因此，中央银行的使命之一就是“稳定物价”和“确保金融系统的稳定”。

如果物价剧烈波动，以前便宜的东西会突然变贵，那么家庭和企业就无法制订长期计划，在购买房屋或开展大型项目时，也会犹豫不决，进而削弱经济活力。

中央银行不仅是发行纸币，它还需要确保这些纸币价值的稳定。只有这样，国民才能在不担心物价的情况下，安心使用纸币，进行经济活动。由此可见，金融环境的管控很有必要。

至于确保金融系统的稳定，听起来可能有些复杂，稍后我会更详细地进行解释，简单来说，就是营造一个个人和企业都方便借贷的环境。

如果银行突然停止放贷或者汇款出现问题，就会非常麻烦。为了避免这种情况，国家会监管银行运营，并改善支付网络。

此外，中央银行还有许多其他任务，如货币政策制定和资金周转支持等。所有这些任务，都是为了实现“为国民提供更加便利的经济生活，营造良好的金融环境”的目标。接下来，我们将详细探讨物价稳定的问题。

货币政策是为“物价稳定”

试想一下物价剧烈波动的世界，极端点来说，假设原本售价 1 万日元的商品，第二年变成了 2 万日元，第三年却只值 5 000 日元，这就非常麻烦了。人们无从得知购买的时机，即便为了想买的东西拼命存钱，可能到最后也会因为价格上涨而无法负担。孩子的教育费用、年老后的生活也无法预测，人生的财务规划将变得非常困难，也会害怕贷款买房。

企业经营也会变得非常困难。如果物价波动剧烈，企业就很难预估中长期的销售额，人才招聘或工厂建设等长期决策更是无从谈起。因此许多长期项目可能会被放弃，导致经济丧失活力。

货币政策是中央银行为确保物价稳定所采取的措施。我们先来看一些比较晦涩的表达，关于货币政策的理念，《日本银行法》第二条中，“日本银行在调节货币和金融时，将通过保持物价稳定来促进国民经济健康发展作为其基本理念”。

其中提到的“调节货币和金融”，即为货币政策。随后提到“通过保持物价稳定来促进国民经济健康发展”。物价稳定并非首要目标，实际上“国民经济健全发展”才更加重要，而物价稳定只是为了实现这一目标所采取的调节金融环境的措施。

简单来说，为了达成这个目标，中央银行通常会在物价过快上涨时，通过“加息”来抑制通货膨胀；相反，如果物价上涨乏力，则通过“降息”来刺激物价上涨。

那么，为什么加息能抑制物价上涨呢？我们将在下一节继续探讨。

中央银行通过加息和降息调控经济与物价

中央银行的“加息”和“降息”通常指的是短期利率的调整。

银行之间进行短期资金交易，中央银行则每天参与其中。通过向这个短期金融市场注入资金或回收资金，中央银行可以引导利率的变化。

比如，美国的FRB将利率从“年利率4.5%”上调至“年利率 5.0%”。在决策发布后，FRB 就会通过收放资金，确保短期金融市场的利率达到 5.0%。

这时，你可能会问：“短期金融市场这一世界动向向来不为人们熟知，为什么它会影响通货膨胀呢？”银行间的短期利率确实与普通民众日常购物的价格看起来相距很远，但实际上，利率同许多方面都是相互关联的。

当银行间的短期利率上升时，房贷利率和企业向银行借款的利率也会相应上升。这样一来，人们就更难买房了，企业也可能在面临新挑战时更加谨慎。

总之，加息会抑制经济活动，从而对经济形势产生负面影响。出高价买东西的消费者减少，通货膨胀也会逐渐冷却；相反，降息则会刺激经济，物价也更容易上升。

2022 年，美国经历了历史性的通货膨胀，这背后有新冠疫情、后续经济政策、物流混乱、原油和小麦价格飙升等多种因素在发挥作用，其严重程度远超许多经济学家的预期。

通货膨胀尤其出现在食品和能源等生活必需品领域，对低收入人群的生活造成了巨大冲击，引起民众的不满和焦虑情绪。为此，FRB 采取了前所未有的加息措施，不到一年，利率从 2022 年年初的“0.00 ～ 0.25%”迅速提高至“5.25% ～ 5.50%”。

通常加息幅度为 0.25%，但在 2022 年，FRB 连续四次采取了 0.75% 的大幅加息，这一举措完全超出了预期，反映出此次通货膨胀突如其来且十分强烈。

加息是给经济踩刹车

FRB 加息的目的是抑制通货膨胀，而如前所述，加息是通过抑制经济活动来缓解通货膨胀的，也就是说，加息实际上是对经济的一种反向作用。

一般来说，美国经济的“中性利率”被认为在 2% 左右，这个利率既不会使经济过热，也不会使经济过冷。

2020 年春天，疫情暴发后，FRB 迅速将利率降至零，并维持了一段时间的零利率政策，以期通过宽松的货币政策，推动美国经济从疫情危机中复苏。

然而，2022 年由于通货膨胀迅速发展，FRB 便将利率从 0 上调至 4% 左右，采取了同之前完全相悖的政策。由于中性利率是 2% 左右，因此这种剧烈的加息实际上相当于给经济踩了一个急刹车。

从货币宽松的状态迅速转向紧缩，如同让一个没有经历过任何康复训练的病人直接做重活一样。尤其是在 2021 年上半年，FRB 明确表示会继续实施宽松政策以确保经济复苏，因此突然反转的政策给市场带来了巨大冲击。

图 4-1 展示了反映美国股市整体走势的标普 500 指数和 FRB 利率的变化。2020—2021 年，货币宽松政策促进了经济增长和股市上涨，而 2022 年加息则对股市产生了负面影响。

当利率上升时，不仅会对经济产生负面影响，也会抑制股市投资的热情。例如，一些投资者可能会通过借款来扩大投资本金，然后再进行股票投资。当利率上升时，这类借款投资会受到抑制。正如第三章所解释的那样，资金扩张和收缩的循环与货币政策密切相关，进而对股市产生重大影响。

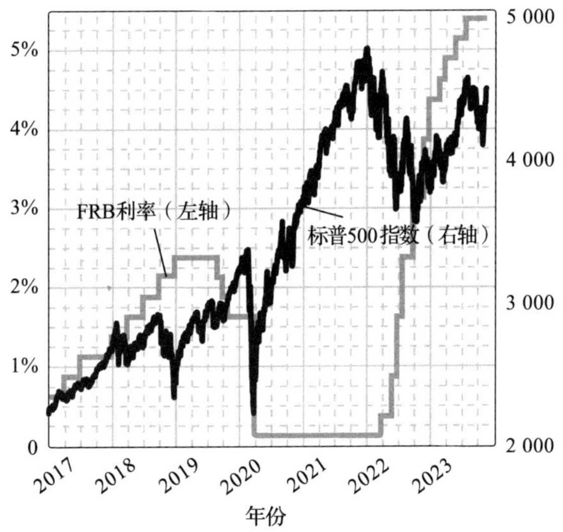

图 4-1　标普 500 指数和 FRB 利率

资料来源：FRB、QUICK FactSet.

利率是经济的“体温计”

让我们从一个更基础的角度来思考一下利率的概念。

假设一年内借了 100 万日元，利息是 1 万日元，那么利率就是 1%。假使有更多的人或公司愿意接受 2% 或 3% 的利率，那么会发生什么呢？

在这种情况下，出借资金的人会更倾向于选择较高利率借贷，这样社会全体的利率就会上升。

为什么有些人愿意接受更高的利率呢？这通常是因为他们有事急需资金。例如，有人想买房，或者企业希望扩大业务等。也就是说，当经济活跃时，借钱的人就会增多，从而推动利率上升。

因此，利率被称为经济的“体温计”。当利率较高时，意味着经济活动处于较为活跃的状态。

此时可能会有人感到疑惑：“经济活跃导致利率上升”是一个合理的因果关系，为什么上一节会说“利率上升导致经济低迷”呢？这正是利率与经济的有趣之处。

我们可以通过下面的流程图（见图 4-2）清晰地了解这一关系。

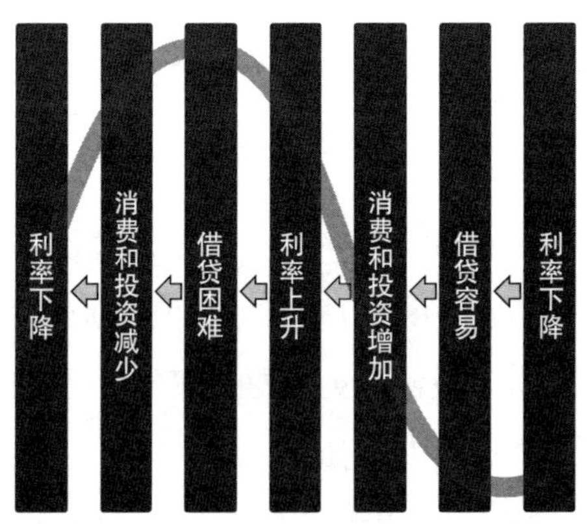

图 4-2　利率上升流程

图中的曲线代表利率。通常，利率上升意味着经济活跃，但如果利率上升过快，就会使得借贷困难，进而抑制经济活动。因此，利率上升既可能是“经济复苏→利率上升”，也可能是“利率上升→经济衰退”。

因此“体温计”是非常贴切的比喻。当我们运动时，心跳加速，体温上升。然而，过度运动会导致呼吸急促，甚至可能晕倒。

适当的“体温”才是健康的，温度并非越高越好。我们也有可能因为生病等不曾预料的原因导致体温上升，从而卧床不起。

人类的身体和心理有波动，有时也会跌入谷底。同样，经济也有周期，而利率正是衡量这一周期的重要指标。

世界各中央银行将物价上涨目标设定为 2%

股市和经济的话题同中央银行稍有偏离，接下来我们言归正传。

全球大多数中央银行都设定了“年 2%”的物价上涨目标。然而，这一目标进入 21 世纪才在全球范围内得到推广。日本在 2013 年才沿用这一目标。因此 2% 并不是一个由来已久的常识。

1989 年，新西兰的中央银行率先将物价目标纳入政策。当时为了抑制过高的通货膨胀，将目标设定为 0～2%。此后，随着政策的逐步调整，2% 左右成为一个较为现实的目标，其他国家也开始陆续跟进，采用了这一目标。

如果追求“物价稳定”，那么物价上涨目标为 0 似乎是最理想的目标。然而，长期保持 0 可能会导致物价下降，进入通货紧缩状态。这样一来，经济会陷入长期停滞状态，中央银行的货币政策也难以有效应对。因此，略高于 0 的“2%”的目标成了更加合适的选择，并且逐渐得到了广泛支持。

也就是说，2% 的物价上涨目标并不是经济学家通过理论推导得出的，而是各国政府在政策实践中逐步摸索，经过多年的经验积累，最终确定下来的。

那么，如何实现 2% 的物价上涨目标呢？各国的货币政策运作方式有所不同。例如，美国的 FRB 在 2020 年采用了“平均通胀目标”框架。这一框架的核心思想是，不一定每年都实现 2% 的通胀率，而是在一个较长时间段（例如几年）实现 2% 的平均通胀率。因此，FRB 能够根据经济形势灵活调整货币政策。

2022 年，美国遭遇了高通胀，关于是否应该将物价上涨目标从 2% 提高的讨论增多。未来 10 年、20 年，全球的物价上涨目标可能会发生较大变化。

日本银行于2013年引入2%的物价上涨目标

从图4-3我们可以看到，自2001年起日本的物价上涨率。看后你有什么感受呢？

如果我们把“生鲜食品除外”这一项的同比涨幅平均至2001—2020年，实际上结果接近0。尽管2008年和2014年有波动，2021年起通胀加剧，但整体来看物价比较稳定。在海外生活过的人可能对此会更有感触。

图 4-3　自 2001 年起日本的物价上涨率

资料来源：日本总务省，除去消费税的影响。

正如前文所述，日本银行在 2013 年引入了 2% 的物价稳定目标。在前任总裁白川方明领导的时代，2012 年 2 月，《日本银行法》中对于“物价稳定”的表述是“在 2% 以下的正向区间内”，并且当时日本银行的货币政策是“以 1% 为目标”，这与现在“尽快实现 2%”的目标相比有很大不同。

2012 年 11 月，局势发生了急转直下的变化。民主党派的野田政府宣布解散众议院，自民党总裁安倍晋三在众议院选举中提出“日本银行的宽松货币政策”，以压倒性优势胜出。与现在不同，当时的日本经济苦于日元升值。许多人认为，日元升值和通货紧缩正严重制约着日本经济。

安倍政府的智囊团支持实施“通货再膨胀”的宽松货币政策，在首相府的主导下，日本银行的货币政策受到了强烈干预。有人指出，随着世界各国广泛采纳2%的物价上涨目标，日本如果依旧设定较低的物价目标，货币宽松政策就会相对薄弱，面临的日元升值压力将会增大。

2013年1月22日，安倍政府成立不到一个月就与日本银行发布联合声明，正式引入2%的物价上涨目标。与此同时，日本银行总裁也将在春天更换。安倍首相选择了曾经担任过财务官、积极支持货币宽松的黑田东彦担任新总裁。人事任命的背后，是支持宽松货币政策的本田悦朗、滨田宏一等智囊团带来的影响。

货币政策中有一个概念叫作“独立性”，即政府不会干预政策的决策。但日本银行总裁由日本国会任命产生，因此货币政策的实施仍然深受政府影响。

2013年3月，黑田东彦正式成为日本银行总裁。在同年4月举行的第一次货币政策决定会议上，日本银行宣布实施“前所未有”的大规模货币宽松政策。

下一节我们将大致回顾持续了10年的黑田体制。

2% 的物价目标，10 年的漫长等待

黑田东彦在 2013 年 4 月的首次金融政策决定会议中宣布，要“尽早实现 2% 的物价上涨目标，期限大约为 2 年”，限定的时间表明了日本银行实现目标的决心。

当时日本银行的政策利率为零，黑田东彦选择通过大规模购买国债和与日本股市挂钩的 ETF 等方式投入资金，实施非传统的货币宽松政策。通过向市场注入大量

资金来推动物价上涨。黑田总裁在记者会中强调："为了实现目标，我们已经尽了最大的努力。目前已经实施了一切必要的政策。"

然而实现目标终归是遥不可及的。虽然国际油价暴跌和消费税增加等外部因素带来了一定阻力，但日本国内企业对涨价十分谨慎，家庭消费者不愿意接受涨价，这些深深根植于日本经济中的传统惯性才是更为首要的原因。

初期日本银行就表示"实施了一切必要的政策"，因此并未有太多扩大货币宽松的余地。虽然日本银行先后采取了负利率政策和收益率曲线控制（YCC）等一系列手段来强化宽松政策，但它们未能有效激发物价上涨。关于收益率曲线控制的具体内容将在下一节进一步解释。

与此同时，国债市场的功能逐渐降低，急剧的日元贬值等因素也加剧了货币宽松的副作用。黑田体制的后期，日本银行采取了大量政策进行调整，以期缓和副作用的影响。但此时仍然还在实施着货币宽松政策，因此货币政策变得越来越复杂，民众也越来越难以理解。

尽管如此，黑田总裁在2023年3月的最后一次货币政策决定会议上表示"货币宽松政策是成功的"，尽管物价目标未能实现，但他指出："日本摆脱了通货紧缩的困境，并且就业大幅增加。"

总体来看，过去10年间，全球经济增长，股价上涨。就业形势改善也受到了劳动力不足等结构性因素的影响。至于黑田总裁的货币宽松政策是否对物价和就业产生了积极影响，学者们的看法并不一致。

收益率曲线控制是操作国债长期利率的特殊政策

黑田东彦总裁的金融政策非常复杂，本书并未探讨其细节。不过，“收益率曲线控制”这一举措在 2022 年和 2023 年的新闻中频繁出现，因此在这里简要解释一下。

收益率曲线控制于 2016 年引入，其核心是日本银行通过买卖国债来将 10 年期国债的利率控制在接近 0 的水平。国债利率通常是正数（否则没人会购买国债），但日本银行通过购买国债，强行将其利率压制在 0 左右。

通常，“加息”和“降息”是以短期利率为对象的。但短期利率已经难以进一步降低，因此只能在长期的波动中，通过控制收益率曲线来操作 10 年期国债的长期利率。

尽管日本银行要将利率控制在“0 左右”，但这并不意味着要精确到“0.000%”。因为国债像股票一样，每天都在投资者之间进行交易，严格控制到 0.000% 是非常困难的，而且有可能导致国债市场的交易陷入停滞状态。

这一非同寻常的政策已经持续了超过 7 年，结果进一步弱化了国债市场的功能。日本银行持续购买国债，已经持有了一半以上的国债发行余额。

因此，日本银行对收益率曲线控制进行了多次调整。最初，它将利率控制在 0 左右时，允许有约 0.1% 的波动范围。但考虑到国债市场的功能，这一范围逐步扩大到 0.25%、0.50%。

到了 2023 年 10 月，日本银行甚至开始允许超过 1% 的利率波动。尽管依然保留了“0 左右”的表述，但也明确表示可以容忍超过 1% 的波动，很多人认为收益率曲线控制已经名存实亡。

尽管如此，2022 年日元贬值加剧的一部分原因就是受到了收益率曲线控制的影响。下一节我将解释这一机制。

日元贬值的原因：美国加息与收益率曲线控制

在第一章中，我们讨论了日元贬值给生活带来的影响，但并没有详细探讨“日元为什么会贬值”这一问题。现在我来进行说明。

2022 年日元贬值受到日美两国的金融政策的影响。FRB 为了抑制急剧上升的通货膨胀，将利率从 0 提高到了 5%。

此外，日本银行则表示将持续坚持宽松的货币政策。虽然日本也出现了通货膨胀，但主要原因在于进口商品价格上涨，并非国内消费需求旺盛导致的。日本银行继续推行货币宽松政策的主要目的在于推动经济增长。

图 4-4 显示的是 2 年期国债的收益率，它容易对汇率产生影响。从整体来看，这一收益率还可以反映未来 2 年中央银行货币政策的预期。可以清晰地看到，美国 2 年期国债的利率大幅上升，而日本国债的利率几乎保持不变。如果我们加上美元兑日元的汇率，会发现汇率几乎与美国国债收益率的变化同步。

如果有两种货币，一种利率为 5%，另一种利率为 0，显然 5% 的货币会更具吸引力。当然，除利率外还会考虑许多其他因素，但利率较高的货币通常会更受欢迎。特别是在 2022 年，美国的利率急剧上升，美元瞬间变得炙手可热。

如果日本的利率也大幅上升，那么日元贬值和美元升值的幅度可能就不会这么大。FRB 的紧急加息与日本银行的货币宽松相叠加，产生了前所未有的日元贬值和美元升值。

汇率的走势非常难以预测，未来几年汇率的变化更是无法猜测。汇率不仅受货币政策的影响，还与贸易、产业结构、证券投资等多种因素息息相关。

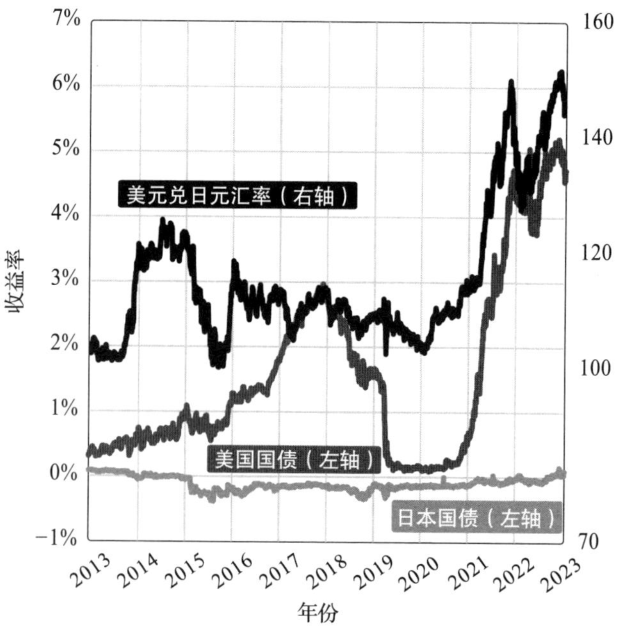

图 4-4　2 年期国债的收益率

资料来源：QUICK FactSet、日本财务省。

日本的零利率已经持续超过 20 年了。日本银行虽然已经开始调整货币宽松政策，但是否会像美国那样大幅提高利率，依然无从知晓。同时需要意识到的一点是，考虑到国际局势的变化，日元贬值的倾向可能会长期持续。

专栏 日本如今已是贸易逆差国：结构性日元贬值

2010 年之前，日本是一个贸易顺差国。贸易顺差是指出口大于进口的情况。日本的汽车、电器等产业都具有较强的国际竞争力。

然而 10 年后，日本的贸易逆差逐渐显现。电器等出口产品的国际竞争力下降，能源进口依赖度增加。

贸易逆差不仅体现在货物进出口上，也体现在服务贸易方面。最大的原因是数字消费。举个简单的例子，像 YouTube、iPhone app、Netflix 和 Zoom 等，大家日常使用的这些服务，其实大部分都是海外公司提供的。比如，订阅 Netflix 时，支付的钱会流入美国公司的账户。即使 YouTube 是免费的，但只要有人观看广告，这些广告收入就会流向谷歌公司。

日本电视台的广告收入只会在国内流通，但 YouTube 就变成海外服务的进口了，并且这种资金流动的规模已不容忽视。疫情之后，远程办公和数字化转型（DX）迅速发展，Zoom、Salesforce、Slack 等企业的服务也变得更加普及，职场利用海外服务的机会增加。生活便捷固然是好事，但是日本此前的国内业务都逐渐被海外进口服务替代了。

这一趋势可能很难改变。如果一家公司能够牢牢掌握一个大型平台，通过品牌力和开发能力占据市场，那么它就可以进一步巩固自身的强势地位。

如果日本能够创造出更多有吸引力的商品和服务，外国人就会将外汇兑换成日元来购物，从而促进日元升值。然而，如果日本的商品和服务在海外市场的销量下降，外国人兑换日元的机会减少，就会导致日元升值的压力减弱。反之，当日本人购买海外商品和服务时，就会卖出日元来购买外汇，从而加剧日元贬值的压力。

长远来看，日元贬值实际上反映了“日本产业竞争力的下降”。虽然外国游客急剧增加等因素使得日本的吸引力有所上升，但整体而言，日本的商品和服务都趋向于赤字状态。考虑到汇率受到这些结构性因素的影响，在进行长期性的货币资产配置时，我们必须十分重视这些因素。

了解植田时期的日本银行

2023 年 4 月，连任 10 年日本银行总裁的黑田东彦退休，植田和男成为新一任日本银行总裁。此前，日本银行总裁通常由日本银行或财务省出身的人担任，但这次由学者出身的植田先生担任，引起了媒体的广泛关注。

植田先生是日本金融政策领域的顶尖学者之一，曾在 1998—2005 年担任日本银行的审议委员，参与政策决策。

除了前总裁黑田，他还受到了日本银行许多高层的信任。

日本银行的金融政策由包括总裁在内的 9 名政策委员会成员投票决定，总裁的影响力极大，因此植田总裁的思想将左右未来日本银行的金融政策。

植田体制刚刚成立时强调的是要延续黑田体制的政策。植田先生在就任前的国会听证会上表示：“当前的金融政策是合理的。日本银行将继续推进货币宽松政策，支撑经济发展，创造企业能够涨薪的环境。”关于近期的物价上涨，他也表示：“主要原因是进口物价上涨引发的成本推动型通货膨胀，而非需求强劲导致的。”这一观点与前总裁黑田相同。

更换总裁后，如果金融政策发生剧烈变化的话，可能会对金融市场和实体经济产生冲击。因此，即使未来黑田体制可能发生转变，但目前顺利地进行总裁交接工作才是最理想的选择。

然而，上文提到的收益率曲线控制等长期持续的金融宽松政策副作用也很大，植田总裁也非常关注这个问题。

上任的第一年，他就开始调整收益率曲线控制的问题。如果通货膨胀和工资增长的势头持续下去，预计到 2024 年可能会解除负利率政策，向货币宽松的正常化迈出下一步。

通俗易懂地讲解晦涩难懂的货币政策

2023 年 2 月 10 日星期五傍晚，“日本银行总裁植田和男”的消息传出。

此前植田先生并未受到关注，消息一出，外汇市场剧烈波动，我自己也对这一人事变动感到震惊。但晚上随之而来的一则新闻又让我震惊了，植田先生面对自家门前围堵的电视台记者，表示接受采访。

尽管他说“目前对人事问题无可奉告”，但站在学者的立场上，他表示“当前日本银行的金融政策是合理的”。

当时政府尚未向国会提交人事提案，国会听证会也尚未举行。尽管措辞滴水不漏，但他在媒体推测阶段接受采访让我感到吃惊。

对此，不同的人可能会有不同的看法。在仅有媒体报道的阶段，如果他没有做出任何评论，保持沉默也是一种可行做法。但我认为他的这一回应是恰当的。

在新闻报道阶段，植田先生的政策立场难以预料，这时外汇市场一度出现日元升值。他站在学者的普遍立场来看“当前政策合适”，并明确表示货币政策不会发生剧变，这一点如果没有澄清，市场可能会因误解而产生不必要的波动。中央银行应该及时发布信息，与国民进行对话，以防止市场剧烈波动。

在 2023 年 2 月 24 日的国会听证会上，植田先生表示：“货币政策通过金融市场对整个经济产生影响。我希望能够与市场参与者进行适当的沟通。”“我会努力向广大民众提供通俗易懂的说明。”

黑田时期，货币政策经常出现预料之外的变化，也出现市场沟通方面不足的指责。货币政策变得越来越复杂，这也导致大部分民众难以理解。

货币政策会对国民生活产生直接的影响，因此解释说明是至关重要的。与前总裁黑田相比，植田总裁在记者会上的回答更加真诚，为了尽量获得民众的理解，他用自己的语言细致地进行了讲解。虽然货币政策正常化涉及许多专业内容，很难进行准确而简明的阐释，但我期待植田总裁未来的发言。若有机会，我也希望能亲自参加记者会，参与对话。

日本物价会如何变化

物价与货币政策息息相关，我们来了解一下日本的物价。

2023 年，CPI（与上一年同月相比）的上涨率超过了 4%，达到了 1981 年石油危机以来的最高水平。对于许多人来说，这是他们“出生以来第一次”见到如此大幅度的物价上涨。

随后，政府实施了降低电费的政策，物价上涨的速度略有放缓，但依然维持在历史高位。

涨价最明显的是食用油、面包、蛋黄酱等食品，电费、燃气费等能源费用，以及 iPhone 等电子产品。这些商品的价格上涨主要与食品、能源等进口商品依赖性大以及日元贬值导致的原材料成本增加有关。

物价是由供需关系决定的。如果经济增长，需求强劲，那么即使价格上涨，人们也愿意购买。此外，原材料价格上涨或储备不足等供给端的因素也会推动物价上涨。

2022—2023 年，日本的消费需求并不十分强劲，主要是供应不足导致的物价上涨。换句话说，如果供应不足得以缓解，物价上涨压力也会减轻。

2022 年 10 月，日元贬值到 1 美元 =150 日元，但进入 2023 年后，日元一度回升至 1 美元 =120 日元左右。

原油、小麦等大宗商品的价格在 2022 年中期后也有所回落。经济学家普遍认为，2024 年物价上涨率有可能降至 1% ～ 2%。

然而，民众对价格上涨的接受度正在发生变化。

接下来，我们将讨论未来可能出现的价格上涨动力的变化。

价格上涨的动力发生了变化

我至今仍然记得，20 世纪 80 年代，我还是小学生时，漫画杂志和罐装饮料时不时涨价。

图 4-5 中的数据并不是消费者物价的“同比”变化，而是“价格”的变化。从 20 世纪 80 年代开始，价格上涨在日本是较为频繁的。

然而，随着经济泡沫破裂，20 世纪 90 年代以后，价格上涨的文化背景发生了很大变化。虽然消费税增税和油价上涨等因素曾导致物价短期上升，但除了过去一两年的急剧上涨，物价水平基本稳定。

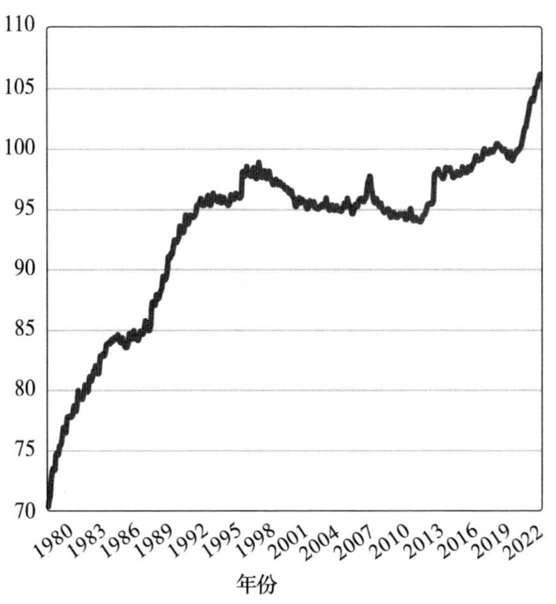

图 4-5　消费者物价的价格变化

资料来源：日本总务省，2020 年 =100 季度调整后数据。

近 30 年的低通胀社会让许多人对“物价不上涨”的认知已经根深蒂固。

听到价格上涨的新闻时，民众的反应比海外更为强烈。企业和商家也会担心“价格上涨可能会导致顾客流失”，因此保持比较警惕的态度，迟迟不涨价。

然而，近年来物价持续上涨，促使“周围都在涨价，我们也得涨价”的情况变得更加常见。

餐馆的价格也普遍上涨。例如麦当劳在一年中就多次涨价，过去那种“一旦价格上涨就会暂时无法经营”的氛围逐渐消失。

对于消费者来说，价格上涨固然让人十分困扰，但如果都在涨价的话，最终也只好接受这一现实。

关键在于工资。如果工资的上涨幅度能赶上甚至超过通货膨胀，那么各个家庭对价格上涨的承受力就会提高。企业的营业收入和利润也将增加，员工的工资也能上涨，从而形成良性循环。

2022 年物价上涨，工资的增长却很缓慢，对各个家庭的财务状况来说是艰难的一年。

不过，工资的增长动力正在发生变化。接下来，我们将进一步探讨 2023 年工资增长的情况。

工资增长的动力也发生结构性变化

2023 年 1 月，一则新闻引起了广泛关注。经营优衣库的迅销公司宣布将大规模提高工资。公司将新员工的底薪从 25.5 万日元提高到 30 万日元，并表示将国内人力成本总额提高 15%。海外工资持续上涨，在这一背景下，公司为了吸引全球的优秀人才，做出了这一重大举措。

不仅是优衣库，三得利也决定实施大幅度的工资调整。三得利社长新浪刚史表示："与以往不同，现在必须提高工资。"在3月举行的大型企业春斗（春季劳资谈判）中，多个大企业表示将全部满足工会的要求。

工资的变化受哪些因素影响呢？有多个因素，但我认为以下三个是主要因素：

（1）企业的利润。

（2）劳动力短缺趋势。

（3）物价。

首先，企业的利润是比较容易理解的。如果公司盈利，员工的工资也容易上涨。

其次，劳动力短缺趋势也是一个重要因素。例如，在"就业冰河期"，不仅很难提高工资，连找工作都很困难。最近，由于劳动力短缺，企业必须通过提高工资、改善工作环境来吸引并留住员工。

最后是物价。当食品等生活必需品或电费等费用上涨时，员工的生活会变得艰难。在工会举行的薪资谈判中，物价的变化也是一个重要议题。

自2022年下半年以来，面对持续急剧的通货膨胀，许多公司开始发放一次性奖金。企业的盈利虽然在缓慢恢复，但受到少子化、老龄化的影响，劳动力短缺趋势愈加明显。此外，物价上涨也加剧了这一趋势。可以说，自21世纪初以来，我们已经迎来了最容易涨薪的环境。

然而到目前为止，工资增长主要还是集中在大企业。中小企业能主动加薪的情况仍较少，未来这一趋势如何扩展尚不明朗。

值得关注的是，这种工资增长究竟是暂时的，还是未来主流变化的导火索？除了上述的三个因素，我认为年轻人价值观的变化也非常重要。接下来，我们就来探讨这一点。

员工选择公司的时代已到来

根据2023年1月的人才调查结果，约40%的新员工表示计划在5年内辞职。这表明，打算在同一家公司一直工作到退休的人正在逐年减少。

在日本20世纪后半叶的战后复兴时期、经济高速增长时期和泡沫经济期间，终身雇佣制和年功序列制是主流。然而，进入21世纪后，互联网、智能手机、AI

等技术的迅速发展改变了人们的生活方式和产业结构。特别是2023年，像ChatGPT这样的AI技术正在颠覆我们的生活和工作方式。在这样的社会背景下，抱有“在一家公司工作40年成就事业”想法的年轻人越来越少，也就不足为奇了。

我自己在40岁以后，从工作了18年的日本经济新闻社辞职了。周围有很多40岁左右的人也在换工作，我已经不再感到惊讶，50岁左右第一次转职的人似乎也在逐渐增多。

在过去，无论好坏，日本跳槽的人都相对较少。对员工而言，虽然工资增长较慢，但是被临时解雇的风险低也是一种优势。然而，越来越多的20～30岁的人开始认为，长期待在同一家公司本身已经变成了一种风险。近年来，“副业”和“技能再培训”之类的词时常被提及，也反映了这一趋势。

在这种情况下，雇主如果仍然抱有“不涨工资也无妨”的想法就会落后于人。工作的意义、舒适的工作环境等条件正变得愈加重要。政府也在积极推动就业的流动化。随着这些变化，人们的工作观念也在发生转变，未来跳槽可能会更加频繁。到那时，如果企业仍然坚持陈旧的人事策略，不仅无法吸引到优秀的新员工，还会失去现有的员工。

刚才提到了三得利社长新浪刚史的话："与以往不同，现在必须提高工资。"这些学生群体青睐的大企业发生思维转变，意味着今后企业的薪资战略也可能迎来巨大变革浪潮。从这个角度来看，未来有关就业的新闻将非常值得关注。

美联储：全球金融中心

美国的中央银行是美联储（FRB）。接下来，我们将话题转向左右全球金融市场和经济的关键力量——FRB。

在过去的 1 ～ 2 年里，美国的货币政策成为新闻关注的焦点。无论是经济领域的媒体，还是电视新闻节目，FRB 的新闻出现频率都显著增加。同时，FRB 在日本也备受瞩目，这究竟是为什么呢？

“因为它是全球最大经济体的中央银行”“因为美国是拥有国际基准货币——美元的国家”。除此以外还有很多原因，但这还不足以解释为何近几年 FRB 的关注度急剧上升。美国在很久以前就一直是全球最大的经济体，美元也早已是国际货币。

我认为另一个原因是，日本的个人投资者增加了。具体我会在第五章详细说明，政府推动的 NISA 等投资计划，投资成本和便利性等方面的发展降低了投资的门槛，使得利用少量储蓄投资标普 500 指数等海外股票的日本个人投资者显著增加。因此，关注能够左右美国股市和汇率的 FRB 的货币政策的日本人也越来越多。

此外，近几年 FRB 的货币政策对全球金融市场和经济带来的影响越来越大。为什么一个国家的货币政策能够如此深刻地影响全球市场？

货币政策比政府的财政政策更具灵活性。例如，在 2020 年 3 月，美国受到新冠疫情的严重冲击时，FRB 紧急召开会议，决定进行大幅降息并大规模购买资产。而在 2022 年通货膨胀加剧时，FRB 迅速采取了加息措施。

通常来说，这种急剧变化的货币政策并非最理想的解决办法，但新冠疫情和后来的经济复苏是美国从未经历过的特殊情况，FRB 在这种危急时刻的决策，最终对经济和金融市场产生很大的影响。

日益庞大的金融市场也是不容忽视的因素。21世纪，全球化和数字化进程加速，跨国资金往来变得更加迅速和频繁。

因此，美国作为国际金融市场的中心，其动向与日本紧密相连，影响美国金融市场的FRB政策对日本来说也是至关重要的经济新闻。如果不了解FRB的动向，就很难理解全球金融市场和日本经济。

新冠疫情后的美国金融政策概述

一旦开始深入地探讨 FRB，可能一本书也讲不完，因此，本书我将简要回顾同现在有关的新冠疫情以来的货币政策。

2020 年春季，美国新冠疫情暴发，各地实施了管控政策，社会活动几乎停滞，经济受到严重冲击。在此背景下，FRB 作为中央银行，为了尽力防止经济和金融市场的崩溃，尽快恢复经济和社会的正常运转，全力推行了货币宽松政策。

自 2020 年中期起，经过一系列波折，经济活动阶段性恢复。在此期间，除了货币宽松政策，美国政府还加大了财政支出，市场流入大量资金，美国经济从 2020 年下半年到 2021 年呈现强劲复苏的态势。FRB 为了确保经济的全面恢复，在 2021 年中期以前都坚持了强力的货币宽松政策。

然而，到了 2021 年下半年，局势发生变化。原本被认为是暂时性的通货膨胀并未消退，反而创下了历史新高。

通货膨胀加速的原因主要有五个：

（1）财政刺激和货币宽松导致需求急剧回升。

（2）股市和房地产价格上涨，富裕阶层的消费意愿扩大。

（3）经济快速复苏导致物流链（供应链）混乱，商品供给困难。

（4）原油等大宗商品价格上涨。

（5）劳动力短缺导致工资上涨。

这些强大的因素叠加在一起，导致 CPI 在 2022 年 6 月同比上涨了 9.1%。通货膨胀给民众生活带来了巨大冲击。这时，拜登总统将控制通货膨胀列为经济的首要任务。FRB 此前一直将经济复苏作为首要目标，持续推动货币宽松政策，但此时局面一转，FRB 为了遏制通货膨胀，实行了货币紧缩政策。

急剧加息虽然会对经济增长带来一定的抑制作用，但 FRB 主席鲍威尔强调："物价不稳定的话，经济对任何人都没有好处。"因此，FRB 决定，即便牺牲一定的经济发展，也要优先遏制通货膨胀。正如前文所说，通常加息幅度是 0.25%，但 2022 年，FRB 连续四次加息 0.75%，实施了历史上前所未有的剧烈紧缩政策。

到了 2023 年下半年，FRB 停止加息，开始评估之前加息的影响，并观察物价和经济的未来走向。

优先考虑经济增长还是物价稳定？

至此，FRB 为遏制通货膨胀进行的急剧加息政策开始发生转变。2022 年 12 月开始，FRB 逐步减少加息幅度，具体而言，从 0.75% 降至 0.5%，然后又降至 0.25%。

尽管 2022 年年底的通货膨胀率仍然较高，但由于 2022 年中期以来通货膨胀增长的速度有所放缓，而货币政策对经济和物价的影响通常需要半年到两年时间才能看到效果，因此 FRB 希望首先评估此前高频度加息的效果。

然而，从 2022 年春季开始，FRB 就面临一个复杂的两难局面。虽然通货膨胀已经达到峰值，但上涨压力依然强劲，远高于先前设定的 2% 的目标。同时，由于加息过快，经济增速出现放缓的迹象。

对于 FRB 来说，物价稳定固然重要，但经济停滞、失业率上升也并非理想的结果。加息过度会导致失业率暴增，这是 FRB 不希望看到的局面。

因此，FRB 陷入了“要打击通货膨胀就要继续加息”和“要考虑经济增长就应停止加息甚至降息”的两难境地。理想的情况是通货膨胀逐步缓解，同时经济衰退放缓，但目前这一局面是否能实现仍然充满不确定性。

金融体系是如同血管般连接社会的存在

本章开头提到，中央银行的使命是“为国民提供更加便利的经济生活，营造良好的金融环境”。而维持物价稳定和金融体系稳定是这一使命的核心。但“金融体系”这一概念，通常较难理解。

图 4-6 为金融体系的概念图。

每个国家都有大量的民间银行，不同的银行之间每天进行大量的资金往来。简单来说，我们可以从三菱 UFJ 银行向三井住友银行的账户转账。即使是竞争对手，银行之间也会进行密切的交易，并且在短期资金的借贷上存在频繁的往来。

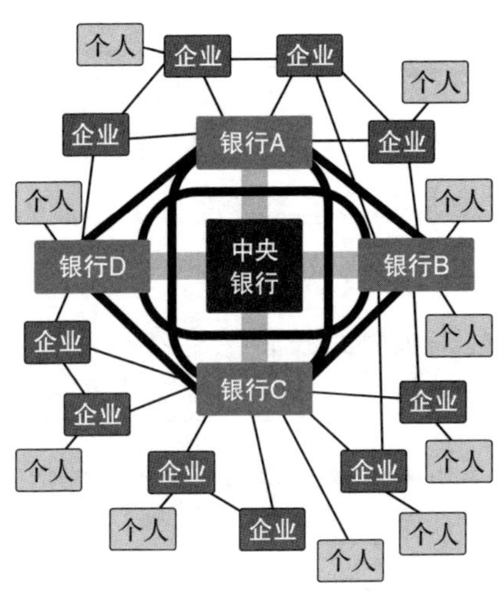

图 4-6 金融体系的概念图

因此，如果某个银行破产，或者有人担心某个银行可能破产，其他银行也会受到影响。即使其他银行本身没有问题，只要市场认为某个银行可能破产，这一影响就会像多米诺骨牌一样迅速蔓延。

银行不仅持有大量企业和个人的存款，也会提供贷款。如果银行倒闭，企业的资金周转将变得困难，许多企业活动也会受到影响。

因此，在银行之间，甚至企业和个人之间，存在着像血管一样广泛的联系，资金像血液一样流动，支撑着经济活动。这种类似基础设施的结构就是金融体系。

2008 年的金融危机导致全球金融体系出现危机，资金流动骤停，许多企业和家庭面临资金危机，市场发生剧烈动荡。为了避免类似的危机再次发生，全球金融监管机构在过去 10 年做了大量准备工作，加强了对金融机构的监管，并制定了应急机制。

尽管如此，金融系统依然存在一定的不可预测性，政府没有把握确保未来不会再发生经济危机。2023 年，美国硅谷银行和瑞士信贷银行的危机表明，金融市场依然可能遭遇突发事件。

因此，对于中央银行来说，确保金融系统的稳定与物价稳定一样重要。

第五章 开始投资吧

投资时最重要的事

这一章是围绕着“开始投资”进行讲解的，但在此之前我想谈谈投资诈骗的问题。

你可能会觉得投资诈骗离自己很远，但不仅是存款少的年轻人，每个人都有可能成为投资诈骗的目标对象。如果不做好自己也有可能会被诈骗的准备，后果可能会是无法挽回的。

诈骗常见的手法有“本金保障”“月入千元”“年回报率 x%”等听起来很有吸引力的宣传词。现在的日本，除了国债，没有任何投资产品能做到本金保障，并且保证利润或回报率。如果有这样的宣传，那么其背后肯定隐藏着巨大的风险，或者就是一个骗局。

大多数人可能觉得“这种事情我知道啊”。然而，诈骗团伙是专业的，他们积累了丰富的经验，知道如何让人上当，如何让人无法拒绝。近年来，骗子们利用比特币、区块链、NFT（非同质化通证）、AI 等关键词，巧妙地包装投资产品，宣称“这是前所未有的投资机会”。他们还通过强调“机不可失”“仅限此处”的稀缺性，引诱人们盲目投资。

即使一开始投入的金额很少，但是一旦得手，骗子们就会使用各种手段不断要求受害者追加资金。即使是存款不多的学生，也可能被逼迫去贷款，甚至借高利贷来支付投资款。有不少人年纪轻轻就因投资诈骗背上沉重的债务，甚至因无法承受巨额债务走向自杀。

有时身边熟人的介绍也可能会让你卷入诈骗。

总之，对于那些听起来过于美好的话术，我们应该持怀疑态度，当听到“我有个稳赚不赔的好机会”之类的话时，首先就应该保持警惕。特别是遇到“本金保障”“稳赚不赔”等诱人的宣传时，更要多加小心。如果你怀疑“这真的是可靠的投资吗”或者“我是不是卷入了诈骗”，那么请拨打188进行咨询。这是各地方政府设立的消费投诉和咨询热线，他们遇到过各种诈骗案例，可以为你提供合适的建议。

开始投资股票的基本流程

如果你想进行股票交易，首先需要在证券公司开立一个账户。这个过程和开设银行账户或信用卡账户差不多。现在操作变得非常便捷，通过手机扫描身份证就可以完成开户的证券公司越来越多。一般来说，从决定开设账户到可以开始交易，最快几天内就能完成。

接下来，你需要将资金从银行账户转入证券账户，然后用这些资金购买股票或投资信托基金。

能够开户的证券公司有很多，我经常被问到的一个问题是："哪家证券公司好？"

通常来说，我比较推荐网络证券，因为手续费比较低。

一些主要的网络证券公司包括SBI证券、乐天证券、Monex证券、Kabu.com证券和松井证券等。它们的手续费体系和服务略有不同，但总体上成本低且操作方便。你可以浏览这几个公司的网站，根据自己的需求选择最适合的证券公司。

此外，也有些人会开设多个证券公司的账户，但考虑到管理比较麻烦，通常一个账户就足够了。需要注意的是，新NISA账户每人只能在一家金融机构开设。

所有的证券公司都会提供关于"税制"和"购买方式"的简单说明，开设账户后，就可以按照这些说明尝试购买一些股票或投资信托基金。即使只是少量的投资，也能让你迅速获得首次股票交易的实感，并帮助你理解一些略微复杂的概念。

在实际操作中，你可能会产生一些疑问，这时可以通过证券公司提供的Q&A（问答）来获得答案。随着时间的推移，你的理解会越来越深入。

做任何事情都是如此，比起直接阅读厚重的教材，解决实际操作中遇到的难题通常会掌握得更快。

┆专栏┆日本股市的交易手续费为零，SNS引发的消耗战

2023年秋季，SBI证券和乐天证券宣布取消日本股票的交易手续费。

这一变化的背景是2024年1月启动了新NISA政策。预计会有更多的人开始进行股票和投资信托基金的交易，但NISA账户不能分开在多个证券公司开设。因此，各大证券公司之间展开了新客户争夺战。

SBI证券作为日本最大的证券公司之一，其日本股票交易的手续费收入约占营业收入的10%，约为200亿日元。虽然这不是一个小数字，但也并非该公司最主要的收入来源。为了吸引新客户，它计划通过免除股票交易手续费来吸引更多客户，并期望在未来通过其他交易和服务获取收入。

网络证券的手续费竞争已经持续了20多年，而现在这一竞争进入了"零手续费"的新阶段。

实际上，美国几年前就开始了免手续费政策。证券公司通过免除交易手续费吸引客户，再通过收取其他种类的费用获取收益。

然而，日本其他一些证券公司对于是否免除手续费仍持谨慎态度。但总的来说，整个行业将在手续费和服务领域展开激烈的竞争，对于客户而言，这无疑是一个好消息。

短期交易的手续费也是零。例如，如果你持有100万日元的股票，而只想卖出其中的5万日元，就可以不用在意手续费分批进行交易。

考虑到新NISA推出后有新的投资者增加，个人投资者的交易量也可能会增加，所以可以助推股价更加顺畅地变动。

除了交易手续费，投资信托基金的信托费用（即管理费）也逐年下降，许多投资信托基金为了适应新NISA政策而逐步降低费用。即使降低手续费，证券公司如果能吸引大量客户，并且管理的资产规模不断增大，那么依然能获得可观的收入。例如，即使信托费用降低到0.1%，但如果管理100亿日元的资产，仍然可以获得1亿日元的管理费。因此近年来，通过降低管理费和扩大信托管理规模来吸引客户的方式逐渐流行起来。

这种降低费用的趋势，也受到社交媒体（SNS）普及的影响。

例如，标普500指数、全球股票（全世界股票）等指数型投资信托基金，由于信托费用低而受到广泛关注，这些投资产品在SNS上也越来越多地被提及。相比传统广告，个人投资者的声音增加也让更多的初学者能够轻松了解到低成本投资。

后藤个人的投资

在本章中，我讨论了各种投资方法，但可能会有人问：“那你自己是怎么做的呢？”在这一节，我将分享自己的投资方式。我认为这样能更好地帮助大家理解投资的概念，也更具说服力。

首先简要列出一些我投资的基本方针。先说一下，这些策略相对比较基础。

（1）**长期投资**。我购买的大多数股票和投资信托基金，最短也要持续几个月，最长会持续好几年。我认为，“长期投资”比“短期交易”更适合大多数个人投资者。

（2）**分散投资**。我会分散投资日本股市、海外股市、债券等产品。具体来说，我的外汇投资比例较高，主要以美元为主。我通过低成本的投资信托基金来实现高效的资产分散。同时，我也会投资个股，但会在日本和美国等市场上持有10只以上的个股，以确保分散投资的效果。

（3）**分散购买时机**。我每月都会购买一些股票或投资信托基金。由于我目前是一个不太稳定的自由职业者，而非一名收入稳定的公司职员，因此并没有实行定投，而是每月购买一些股票和投资信托来分散购买时机。

（4）**充分利用NISA和iDeCo**。由于这两个投资制度有税收优惠，因此在购买股票或基金时，首先应该充分利用这些制度。它们与长期投资和分散投资的策略非常契合。

你可以通过网络或图书轻松查找NISA和iDeCo的详细内容，因此本书不做赘述。简单来说，一般的投资收益（如股票上涨获利和股息）需要缴纳约 20% 的税款，但 NISA 和 iDeCo 基本是免税的。此外，投资 iDeCo 的金额可以从个人收入中扣除，从而减少所得税和居民税。这一制度的具体金额上限根据时间和个人具体情况有所不同，请在相关网站上进行确认。

以上是关于我自己的投资的大致介绍，接下来，我将进一步深入讨论“长期投资”“分散投资”和“定投”的具体内容。

短期投资的个人投资者很难获利

先前提到过长期投资更好，在这里我将先讲解短期交易获利的难度。

有些投资者是“日内交易者”，他们在同一天内进行买卖，通过价格波动赚取差价。还有一些投资者是在数天或数周内进行交易，他们试图在更短的时间内获益。

然而，能够在短期交易中稳定获利的个人投资者非常少。要做好短期交易，需要具备一定的能力，比如能够准确判断市场氛围，拥有能够在大幅波动中保持冷静的心理素质，持续追踪新闻和投资信息的精力，以及一些运气等。

尽管赚取几百万日元或上亿日元的成功故事非常诱人，让很多人忍不住跃跃欲试，但这样的成功很难复制。

反过来说，全世界有很多专注于短期交易的大型机构，同个人投资者相对，它们通常被称为机构投资者。这些机构往往计划性地投入数百亿日元资金，通过分析全球的价格波动来寻找投资时机。有些高频交易（HFT）公司甚至能做到毫秒级别的程序化交易。它们的程序在新闻发布不到 1 秒的时间就能判断出新闻对价格的影响，并且它们还会高薪聘请大量分析师，组建高质量分析团队。

与这些组织相比，个人投资者很难在短期交易中取得优势。虽然不一定会失败，但如果从多次短期交易的结果总体来看，亏损的可能性会相当高。

此外，短期交易也需要金钱之外的成本。我自己也曾有过积极进行短期交易的时期，幸运的是并没有遭受重大的损失，但我却承受了金钱以外的其他成本——日常生活总是被市场波动牵连。当你频繁进行短期交易时，“现在是交易的时候吗”“现在的价格怎么样了”等想法会不断浮现，你会反复打开手机关注股市和汇率的变动，时常被“现在必须交易了”的想法所控制。

如果赚到了钱还好，但是大多数时候还是会遭遇亏损，并且压力会不断累积。

如果你持有大量美国股票并频繁进行交易，可能会发生这样一种情况：在晚上睡觉时，突然醒来查看股票价格，从而导致睡眠质量下降。

尽管赚钱很重要，但如果因此导致心神不宁、睡眠变浅，那就得不偿失了。即使赚到了钱，但因此身心都不健康的话，这样算有收获吗？更不用说巨大亏损带来的伤害了，往往更加难以承受。

基于这些经验，我现在已经不再进行短期交易了，而是采取更加从容的方式，定期检查市场波动和自己的资产状况。

长期投资对个人投资者更有利

上一节提到短期投资更有利于机构投资者，相比之下，长期投资更有利于个人投资者。

投资基金、养老基金和共同基金（证券投资基金）等机构的投资者往往面临每个月的业绩考核，他们不能像个人投资者那样“悠闲”地等待10年后的成果。通常，他们需要在几个月到一两年的时间内展现出相应的投资回报，否则选择基金的人数可能会下降，基金经理的薪酬也会受到影响。即便基金获利，如果投资的客户想要赎回钱款，机构就必须卖掉正在运行的资产，将钱返还给客户。

如果金融危机等不确定因素造成了大范围的恐慌，那么就会有大量的投资者选择赎回资金，即便基金经理看好未来市场，认为一年后股价会上升，客户也不会买账。因此，即使是未来可以盈利的股票也不得不被卖出，有时大型基金的抛售甚至可能导致股市进一步下跌。

虽然人们通常认为机构投资者比个人投资者更有优势，但这种情况下，机构投资者也会存在短板。

相较之下，个人投资者就更加灵活了。即使投资组合短期内下跌了 20%，只要这些资金不影响日常生活，个人投资者就可以稳住心态，不用急着抛售。抱着“从长远来看股价会上升，如果在下跌的时候一点点买入增加持股的话，股市还会回到原来的水平”的心态会更好。比如新冠疫情暴发导致股市一度大幅下跌，许多专业投资者也慌慌张张，开始兜售资产，但如果个人投资者能平稳应对并且增加个人持股的话，反而能在未来几年获得更大的回报。2022 年股价大幅下跌，但在 2023 年就迎来了大幅上升。

由于运用的是个人资产，因此个人投资者在做决策时，拥有 100% 的自主权，并且这一期限并非一时的，而是会持续 10 年甚至 30 年之久。机构投资者却不具备这样的优势。

虽然机构投资者在短期投资方面更加有优势，但是在长期投资领域两者情况近乎公平，个人投资者或许还更有优势。

分散投资为王道，集中投资风险高

以过去几年的美国股市为例，如果将投资集中于特斯拉或英伟达等少数几只股票，资产可能会大幅增值。我自己也曾想象过，如果当初多购买些特斯拉或英伟达股票的话，会变成什么样子。

但这种想法仅仅是事后的推测，事先准确地预测未来可能增长10倍的股票是非常困难的。

如果将投资集中在少数几只股票上，当股价出现剧烈下跌时，承受的损失也将更大。若通过持有更多的股票来分散投资，投资的风险就会减少。例如，假设持有 10 只股票，如果其中一只股票下跌了 30%，那么整体资产的下跌幅度仅为 3%。

以美国的几只大型股（如苹果、Visa、辉瑞、可口可乐、迪士尼等）为例，如果分散投资在这些股票上，所有股票都同时下跌几乎是不可能的。

国家和货币也要分散投资

除了股票本身，国家和货币的分散投资也是至关重要的。

正如在第一章提到的，当日元贬值、美元升值时，不论是购买 iPhone、食品或是去国外旅游，同样是支付 100 万日元，购买力却会相对降低。如果你持有美元、欧元等外币资产，那么这类风险就能得到一定的对冲。

当然，如果日元升值，你可能会认为“持有外币不如持有日元”。然而，如果将所有资产都持有日元，那么在日元贬值的情况下，你对这一风险的防备就显得十分薄弱。

至于应持有多少外币资产，这个数字取决于你的资产规模、年龄以及家庭情况等因素。一般而言，建议将30%～50%的富余资产配置为外币资产。

那么，如何实现外币资产的投资呢？

虽然现在购买美国个股变得更加便捷，但仍有不少人会觉得“都不知道如何购买日本股票，更别提投资美国股票了”。

实际上，对于投资初学者来说，分散投资是一个相当耗费时间和精力的过程。

根据每个人的资产状况和人生规划的不同，专业人士可以提供不同的建议。当然，这样的服务通常会收取一定的费用。

对于初学者来说，我非常推荐投资信托。想必有很多人都是知道投资信托的，下一节我将简单地进行介绍。

了解“投资信托”

那么，日本国民持有的日本股票（上市股票）的总值大约是多少呢？根据 2022 年年底的统计，答案是 123 万亿日元。

投资信托的总规模则为 86 万亿日元。尽管与股票市场相比，这一数字略低，但已经显示出投资信托在日本市场被广泛持有。

由此可以看出投资信托有多么方便。

如前所述，分散投资至关重要，但购买并管理多个股票是相当烦琐的。投资信托正是在一定程度上受委托管理（信托）这一过程的机构。由于“投资信托”常被简称为“信托”。

举个例子，你可能听说过“日经平均指数”或美国的“标普 500 指数”一类的术语，它们是各自国家代表性的股票指数。

投资信托，实际上就是将日经平均指数或标普 500 指数中的股票集合在一起，并小额出售给投资者的机构。

具体而言，对于普通的个人投资者来说，要购买日经平均指数或标普 500 指数中包含的几百只股票几乎是不可能的。但如果由基金公司代为购买苹果、亚马逊等标普 500 指数中企业的股票，并将这些股票按每单位 1 万日元等的小额单位切割，就能让更多的人参与其中。一些基金公司还允许投资者以 1 000 日元甚至 100 日元为单位进行定期定额投资。

近年来，投资信托的管理费逐渐降低并且购买更加方便，它非常适合进行长期投资和分散投资，因此是初学者的理想选择。

图 5-1 所示为日本资产丰厚（人气高）的投资信托

前10名，可以看出投资美国股票的投资信托比较多。

1	eMAXIS Slim 美股（标普500指数）
2	联博·美国成长股基金D
3	eMAXIS Slim 全球股（所有国家）
4	SBI·V·标普500指数基金
5	乐天·全美股票指数基金
6	GESG高质量成长股票基金（无汇率对冲）
7	全球精选股票开放式基金（无汇率对冲）(每月结算型）
8	百达·全球收益型股票基金（每月分红型）
9	联博·美国成长股基金B
10	高盛科技股票基金B（无汇率对冲）

图5-1 日本资产丰厚的投资信托前10名

资料来源：QUICK FactSet，2023年12月。

下一节将讲解迷茫的时候应该买什么。

迷茫的时候选择标普 500 指数

如果你不确定从哪里开始投资，我建议可以先从标普 500 指数相关的投资信托入手，进行少量定期投资。

我们可以以刚才提到的投资信托排名中的第一名——“eMAXIS Slim 美股（标普 500 指数）”为例。

这款投资信托在购买时的手续费为零，年费也仅为 0.1% 左右，成本相对较低，因此受到了许多投资者的青睐。以防万一我先提一句，我没有从投资信托的管理公司获得一分报酬，同相关公司和职员也没有任何关系。

那么我来说明一下，为什么标普 500 指数是一个不错的选择？主要有两个原因：

（1）简单明了。

（2）能够共享全球经济增长的红利。

标普 500 指数中的公司包括苹果、微软、亚马逊等全球领先的科技公司，同时也包括 Visa、强生、可口可乐等一些传统的美国公司。

对于想要进行外币分散投资的人来说，投资这些自己熟知的公司会获得更强烈的安全感，尤其是对于长期投资者来说，这种安全感尤为重要。

此外，这些巨型美国企业并不只在美国本土盈利，它们在全球范围内都有广泛的业务布局。

全球经济增长将直接带动这些美国企业的盈利增长，进而推动股价上涨。即使日本经济相对滞后，只要投资美国股票，也能分享到全球经济增长带来的红利。

除了标普 500 指数，还有许多其他的投资信托也涵盖了美国股市甚至全球股市，如“全球股票”投资信托同样受到投资者的喜爱，它们的效果大致相同。

除了投资美国企业，还可以分散投资欧洲、亚洲等地区的企业，在全世界范围内投资也是一个不错的选择。

通过这些投资信托，你不仅能够持有外国股票，还能够使自己的资产以美元等外币计价（有些投资信托可能不会受到汇率的影响），从而实现货币分散的效果。

随着投资经验的积累，你可以逐渐考虑将投资分散到债券、不动产、原油等不同类别的产品上。但是在初期，规划如此复杂的投资组合是相当困难的。因此，建议你先从定期定额投资标普 500 指数或全球股票开始，逐步积累投资经验。

截至 2023 年 12 月，全球股票中，美国股票占据了约 60% 的份额。虽然这些全球股票基金会分散投资到多个国家，但大多数仍然集中于发达国家。因此，从长期来看，这些基金的收益与标普 500 指数的走势较为相似。

高手续费的投资信托不一定是好信托

投资信托主要有两种费用：

（1）销售手续费。

（2）信托手续费。

销售手续费，是指在购买投资信托时支付的费用。有些投资信托是免费的，而有些则可能需要支付3%左右的费用。如果通过银行柜台等人工服务渠道购买，手续费往往更高。

信托手续费，是指投资信托的日常管理费用。为了管理众多股票，投资信托公司会收取一定比例的费用，通常以年 ×% 的形式计算。

这两种费用的差异也很大。像日经平均指数或标普 500 指数等股票指数的投资信托，手续费一般较低，往往在 0 到 1%。而“主动型”投资信托，即由专业基金经理选择和管理的投资信托，费用一般较高，可能会高达数个百分点。

在这里需要注意的是，虽然“专业筛选”听起来很有吸引力，但这并不意味着该投资信托的业绩一定出色。当然也有收益比标普 500 指数等股票指数高的主动型投资信托，但实际上许多主动型投资信托的业绩甚至不如股票指数基金。从长期的历史业绩来看，我们不能简单地认为主动型投资信托的业绩一定更好，或者手续费更高的信托表现就会更佳。

还有一点，信托手续费是一项每年都会持续影响投资回报的显著成本。例如，若某投资信托的年手续费为 3%，简单计算下来，10 年内这部分费用将会吞噬约 30% 的投资收益。

我并非一概否定主动型投资信托，如果你认同其投资理念，并且能够接受相应的费用，那么选择该投资信托是没有问题的。但如果想要进行长期投资，那么手续费是绝对是不容忽视的一点。另外，如果使用退休金一次性购买投资信托，累计的手续费也可能非常庞大，因此需要特别注意。

购买投资信托时，要仔细检查销售手续费和信托手续费。再次声明，费用较低的投资信托通常销售手续费为零、信托手续费为 0.1% 左右，费用较高的投资信托并不一定就更好。在选择投资信托时，要货比三家，不要盲目接受销售员的推荐。

“时间”也要分散

随着 NISA 的逐渐普及，定期定额投资也变得越来越流行。所谓定期定额投资，就是以固定频率（如每月）进行定额投资。这种方式的优势在于，不需要考虑投资的时机，只需要按计划持续投入。因此，对于那些无法投入太多时间研究投资的人来说，定期定额投资非常方便。

定期定额投资另一个重要的优点是，可以分散购买的时机。如果你在价格最高点一次性投入较大金额购买投资信托，那么随着价格下跌，你的资产可能需要较长时间才能恢复。虽然有时在价格较低时大量购买可能会获得较多收益，但从专业人士的角度来看这是十分困难的，并且运气的成分比较大。

如果采取定期定额的方式进行投资，就能避免在价格高位时大量买入。

举个例子，假设你在接下来的20年内定期定额投资，你购买的价格会趋近于这20年的平均价格。先前也提到过，股票和投资信托通常会有长期增长的潜力。因此，如果坚持定期定额投资，从长期来看，你可能会得到更好的回报。

2023年以前，NISA的定期定额投资上限为每年40万日元，而从2024年起，新NISA的定期定额投资和成长投资合并上限改为360万日元，这意味着你每年最高可享受30万日元的税收优惠。利用NISA进行定期定额投资，购买投资信托，对于初学者来说是一种非常好的入门方式。

投资海外市场要注意汇率

投资美国股票时，你的部分资产将自动以美元计价。如果在2020年年初购买了与标普500指数挂钩的投资信托（以日元计价），会发生什么呢？到2023年12月15日，标普500指数上涨了46%。同时，在这段时间里，日元对美元贬值了约34日元。换算成日元后，投资回报率达到了91%。

汇率波动会影响海外资产的日元计价。当日元贬值时，海外资产的日元价值会上升；相反，日元升值时，海外资产的日元价值则会下跌。如果你定期投资海外股市，即使没有直接进行外汇交易或外币存款，资产也会受到汇率波动的显著影响（见图 5-2 和图 5-3）。

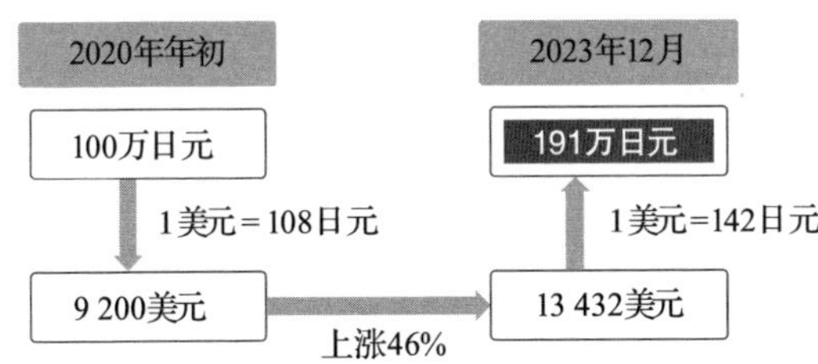

图 5-2　100 万日元投资对应标普 500 指数是多少

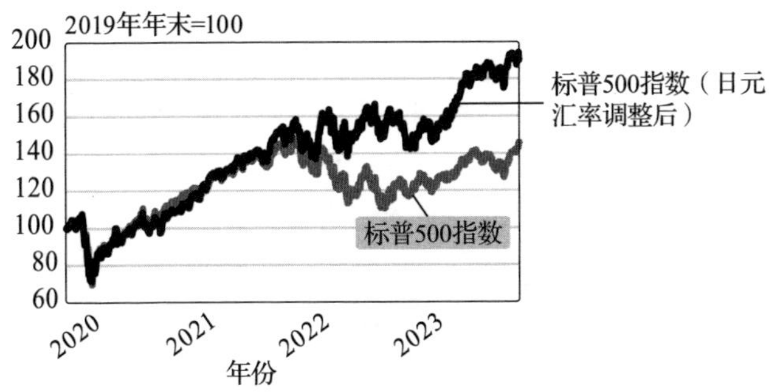

图 5-3　标普 500 指数投资换算成日元

资料来源：作者根据各类数据制作而成。

因此，不应该认为“汇率波动与我的日常生活无关”，而应该把汇率变化当作自己的事情，积极关注相关的汇率动态。在此过程中，你会逐渐理解我在第三章讲过的金融政策的内容，投资相关的知识与兴趣也将有机联结起来。

不盲目相信社交媒体信息，独立自主判断

虽然我自己也是一名在 X（原 Twitter）和 YouTube 上积极发布信息的创作者，但我想提醒大家，社交媒体上的信息真假难辨。X 和 YouTube 等平台上，不乏一些只想吸引关注、增加粉丝数或播放量的人。为了提高关注度，许多发布者常常使用吸引眼球的标题或图片，例如“必胜的股票”或“股市暴跌”等。

然而，正如在第一章中提到的，金融市场是由无数投资者共同参与的残酷竞争，单凭一个 YouTube 的观点不一定就能准确预测未来。

投资初学者往往容易被那些拥有权威头衔或大量粉丝的人吸引，误以为“这些人无所不知，一定能为我提供成功投资的建议”。然而，头衔再响亮、粉丝再多，也不意味着他们的投资技巧就一定出色。

随着参与市场的时间增加，你会发现市场本身充满了不确定性。那些“现在就是股市最低点”“接下来必定上涨的股票是 ××”的言论，往往出自那些市场经验尚浅的人，或者那些明知无法准确预测市场走向，却依然夸大其词、不知自己预测是否准确的投资者。

再补充一点，真的对自己的投资策略充满信心的人是不会把这些策略公开发布在 X 或 YouTube 等社交平台上的。相反，那些真正对自己的投资方法抱有信心的人，通常更愿意保留自己对市场的见解，不轻易展示给他人。而且，如果真的通过投资获得了丰厚的回报，他应该就不用再依赖 YouTube 的广告收入了。

当股市急剧上涨时，社交媒体上往往会出现贬低没有参与投资的人的言论，而在股市下跌时，则会出现大量关于经济崩溃的讨论。社交媒体上的信息往往被过度夸大，有时同一个信息发布者甚至发布与数个月前完全相反的投资观点，甚至有些网红投资者会频繁改变自己的立场。

社交媒体无疑是一个便捷的信息传播工具，但我们不能全盘接收其上的信息。我们应当通过多种渠道获取信息，如企业发布的公告、专家的书籍、新闻报道以及证券公司的投资建议等，并始终保持信息的多元化和均衡性。最为重要的是，我们应当独立思考，自主分析经济形势和市场变化。

┆专栏┆重要的不是“一时的关注”，而是“长期的信任”

在此，我想简要谈谈我在note上的信息发布理念。

截至2023年年底，我的有偿会员（基本套餐为每月500日元）约为2.5万人。老实说，自2022年7月运营以来，会员数量在半年内突破了2万人，而2023年上半年增长速度有所放缓，下半年基本平稳，整体呈现出“瓶颈期”的迹象。如果是一般企业，可能会想加大新会员的吸引力度。

但是我并不急于追求新会员的数量增长。我认为，如果想方设法增加新会员，就会为了吸引眼球而发布过于夸张的内容，或者变成极力标榜“超值优惠”的宣传，这样就会变成不切实际的宣传。即便有新会员加入，随着时间的推移，他们会看到我真实的一面。过度的宣传往往持久性很差，一旦入会前宣传的“高大形象”与“真实状态”之间的差距逐渐显现，会员流失的风险也会随之增大。

当然，有人可能会选择继续夸大宣传，维持那种“高大”的形象，但这样做会导致信息的不一致和矛盾，最终可能会失去信任，变成“狼来了”的故事。

相比之下，我更看重的是“如何让现有会员感到满意，并与他们建立长期的信任关系”。换句话说，我的目标是希望在 5 年、10 年后，会员们仍然认为：“不管市场如何波动，后藤先生的文章没有过度炒作，值得信任。”因此我每天发布的内容都在朝着这个方向努力。

当信息发布者与读者之间建立了长期的信任关系时，读者就能更好地理解我传达的信息，而我也能更清楚地把握他们的需求。目前，我与 note 上的会员们已经通过多次线下活动和节目录制进行了交流，累计面对面接触的会员人数接近 1 000 人。

会员数量和收入的确是重要的，越多越好，但如果能够维持生活和事业的稳定，我认为有些利益不必过度追求。相反，我逐渐意识到，只有将“盈利”这一优先级适度下调，才有可能创造出更有价值的内容和更持久的社区。

尽管我依靠发布经济信息赚钱，但我的运营方式并不完全符合一般资本主义的逻辑。尽管如此，我始终认为，不虚假宣传、持续建立信任关系才是最符合我个人理念的方式。目前我正在以这一理念稳步运营 note。

投资个股有投资信托所没有的学习机会和乐趣

我持有投资信托基金，也投资了日本和美国的多只个股，每个市场的股票数量都超过了 10 只。

从资产积累的角度来看，单纯依靠投资信托基金就足够了，但是投资个股的魅力就在于它能带来共同基金所没有的学习机会和乐趣。

毫无疑问，每家公司都有其优劣势，并且每天都要在充满不确定性的环境中做出经营决策。投资个股，既是对这些公司的一种支持，也意味着我成了公司的一部分。即使这些股票在我的投资组合中占的比重很小，但长期持有某家公司的股票后，我也会对这家公司产生感情，每当出现相关的新闻报道时，我都会特别关注。

在第一章中提到过，股票投资能让你更加关注和理解世界新闻。当你投资某家公司的股票时，就会迅速加深对这家公司以及它所在行业的理解。

即使是专业人士也很难预测哪只股票会上涨，因此市场上并没有所谓的“必胜法”，本书也不会讨论这种方法。

但是，购买你支持的、感兴趣的公司的股票，或同自己的工作相关的公司的股票，你不仅能获得“股价上涨”带来的收益，还有其他方面的好处。通过深入了解这些公司的经营环境、技术创新、应对多样化与低碳化等社会问题的策略，能够增强问题意识，对商务人士来说也是有益的素养教育。

如今，越来越多的公司推出了 10 万～ 30 万日元就能购买 1 个单位（100 股等）股票的产品。虽然大多以投资信托基金为主，但偶尔购买几只个股，逐步增加持股数量，从分散风险的角度来说，并没有什么问题。

在决定购买哪些股票时，最好首先考虑“想支持的公司”。

具体的考虑因素包括“这家公司在解决社会问题上做出了贡献”“注重多元化”“几十年来一直稳步发展，未来仍有很大潜力”等，不同的公司有不同的优势。平时你喜欢的产品或服务，也可以成为很好的投资理由。

接下来，可以查看这些公司的股价表现，比较它们与竞争对手的市值等，这样你会发现选股变得越来越有趣。

此外，访问你感兴趣的公司的 IR 网站也是一个不错的选择。对于上市公司来说，只要在网络上搜索“公司名 IR”，你就能找到该公司的官方网站。上市公司通常都会努力让广大投资者了解公司的最新情况。

很多公司会采用 PowerPoint 等形式将财报发布会的资料总结得简洁易懂。此外，在“综合报告书”中，不仅有公司财务状况的介绍，还有公司愿景、人力资源战略等内容，非常通俗易懂。

通过这些方式了解公司的动态，不仅能帮助你更好地进行股票投资，还能在学生的求职过程中，或者在职场人士跳槽时，起到扩大知识面的作用。

过去 5 ～ 10 年，美国个股在日本市场也普及开来。虽然美国股票的交易费用相对较高，但它们的交易便利性与日本股票几乎相同，而且有很多股票只需要几万日元就能投资。

有很多像苹果公司这样为日本人所熟知的企业，获取它们的相关信息也十分便捷。美国企业也非常注重投资者关系工作，尽管大多数内容是英文的，但现在即使是英语不太好的人，借助自动翻译工具也能轻松获得这些信息。

在全球市值排名前10的公司中，有八九家来自美国。投资这些不断创新的公司，能够迅速提高你对AI、VR（虚拟现实）、自动驾驶等新兴技术的敏感度。

在本书中，我始终强调“投资不仅是为了资产增值，它还能成为一种素养”。对于初学者来说，利用NISA进行投资信托基金的定投是个不错的选择，但我个人希望，你能逐渐尝试购买日本和美国公司的股票，感受投资的乐趣。

结语

“后藤先生，你谈到经济话题时，似乎总是非常享受。”我常常听到这样的评价。这对我来说是一种赞美，我感到非常开心。因为“让自己充满热情”是我在工作中一直非常看重的事。

如果在工作中勉强自己，就很难持续下去。但如果能从中找到乐趣，自然就能行稳致远。当我充满热情时，这种能量就会自然而然地释放到外部，容易获得客户的共鸣。这样，正反馈会不断增加，最终进入一种良性循环，让我的热情加倍燃烧。

“现实有时比小说更离奇”，投资世界里各类因素复杂交织、瞬息万变，而这些变化最终会通过股价、汇率等的数据表现出来。这些数据的背后，上演着一段段人间悲喜剧，即使是小说，想必也无法如此精彩。

市场每日都处于剧烈变化之中，我认为很难写出一本“读完这本书就能掌握所有投资知识”的书。因此在本书中，我试图去传达“为什么我对经济和投资充满热情”。如果能够与读者分享这种感觉，大家自然会更加主动地关注投资，接触更多的经济信息。这样一来，大家就能通过自己的眼光和思维去观察、理解社会，在实践中承担适度的风险并付诸实践。

最初，很多人接触投资是因为“财富积累”和“必要的知识”等实际需求。但通过与众多 note 会员交流，我发现，很多人已经超越了最初的目的，他们通过投资，学到了财富管理之外的许多知识，并将这些知识相互联系，从中感受到了真正的乐趣。

本书日文版的书名是《投资教科书》，而书名下方加上了“在转型时代中生存下去”的副书名。近年来，物价上涨、工资上涨、百岁人生、跳槽、副业、技能重塑等现象都是日本经济和社会在平成时代（1989 年 1 月 8 日—2019 年 4 月 30 日）不曾经历过的变革。

在这个转型的时代，恐慌和犹豫只会让我们错失良机，最终被时代淘汰。只有那些充满热情、勇敢迎接时代挑战、积极行动的人，才能在这个时代立足，并推动社会变得更加明亮和妙趣横生。如果本书能够在推动这种意识转变的过程中有所贡献，我将感到十分荣幸。

作者简介

后藤达也

1980 年出生。2022 年从日本经济新闻社辞去记者一职，独立创业。他以社交平台为中心展开活动，致力于将经济新闻变得“简明易懂、妙趣横生”，与不熟悉经济与投资的人分享客观信息，希望能够为提高日本国民的金融素养贡献一份力量。X（原 Twitter）粉丝数 63 万人，YouTube 关注者 26 万人，note 付费会员 2.5 万人。